家庭教育

JIATING JIAOYU

幼儿园小班

总　主　编　——　朱永新

本书主编　——　文　萍　杨咏梅

漓江出版社

·桂林·

图书在版编目（CIP）数据

家庭教育.幼儿园小班/朱永新总主编；文萍，
杨咏梅主编.--桂林：漓江出版社，2023.8
ISBN 978-7-5407-8964-0

Ⅰ.①家… Ⅱ.①朱… ②文… ③杨… Ⅲ.①学前儿
童—家庭教育 Ⅳ.① G78

中国版本图书馆 CIP 数据核字（2022）第 037056 号

家庭教育 幼儿园小班
JIATING JIAOYU YOU'ERYUAN XIAOBAN

总 主 编 朱永新
本书主编 文 萍 杨咏梅

出 版 人 刘迪才
选题统筹 李 弘
责任编辑 杨海涛
助理编辑 覃佩雯
装帧设计 黄 洁
责任监印 杨 东

出版发行 漓江出版社有限公司
社 址 广西桂林市南环路 22 号
邮 编 541002
发行电话 0771-5825315
邮购热线 0771-5825315
网 址 www.lijiangbooks.com
微信公众号 lijiangpress

印 制 广西民族印刷包装集团有限公司
开 本 787 mm×1092 mm 1/16
印 张 8.75
字 数 134 千字
版 次 2023 年 8 月第 1 版
印 次 2023 年 8 月第 1 次印刷
书 号 ISBN 978-7-5407-8964-0
定 价 32.00 元

丛书编委会

总主编　朱永新　国家全民阅读形象代言人。全球最大教育奖项"一丹教育发展奖"得主，国际"爱阅人物奖"得主，"中国阅读三十人论坛"成员，新教育实验发起人，新阅读研究所创办人。出版《未来学校》《致教师》等专著数十部，作品版权输出美国、法国、德国、日本等，被译为31种语言。被评为"中国十大教育英才"、中国教育60年60人、"为了公共利益"年度人物、"2020年度全国政协委员优秀履职奖"等。

执行主编、小学学段主编　童喜喜　儿童文学作家，教育学者，说写课程创始人。中国十大作家奥运火炬手，全国推动读书十大人物，教育部"全民阅读标准建设工程"咨询专家，美国哈佛中国教育论坛第一位儿童文学作家，"中国阅读三十人论坛"成员兼秘书长。作品输出海外，被译为3种语言。

学前、幼儿学段主编　文萍　广西幼儿师范高等专科学校校长，广西教育学会副会长，教育部职业院校教学指导委员会中小学教育专门委员会副主任委员。

学前、幼儿学段主编　杨咏梅　中国教育报家庭教育周刊原主编，第二届中国家庭教育"十佳"公益人物，中国家庭教育学会宣传教育专业委员会副理事长，中国教育学会家庭教育专业委员会常务理事。

小学学段主编　李福灼　南宁师范大学教师教育学院院长。教育部国培计划专家库专家，教育部中小学校长国家级培训专家库专家，教育部—联合国儿童基金会"社会情感学习（SEL）"项目国家级专家。

初中学段主编　石鹏　广西南宁市第十四中学校长，"全国家庭教育创新实践基地"学校带头人，曾获"全国模范教师""全国优秀教师""特级教师""广西基础教育名校长"等荣誉称号。

初中学段主编　殷飞　南京师范大学心理学院副教授，南京师范大学家庭教育研究院副院长，江苏省家庭教育研究会副会长，中国家庭教育学会常务理事。

高中学段主编　王文蓉　南宁师范大学教师教育学院副院长，硕士生导师。教育部全国中小学幼儿园教师培训专家工作组专家，教育部国培计划专家库专家，教育部校长国培计划专家库专家，教育部—联合国儿童基金会"社会情感学习（SEL）"项目国家级专家。广西家庭教育研究会副会长，广西教育学会家庭教育专委会理事长。

高中学段主编　翟博　中国教育报刊社原党委书记、社长。在理论研究、教育研究、新闻和文学写作等多方面取得丰硕成果。

本书编委会

总 主 编：朱永新

本书主编：文　萍　杨咏梅

副 主 编：张文莉

本书作者：梁文华　黄慧文　韦积华
　　　　　花其珍　赵　艳　陈爱玲

总　序 > >>

家庭是教育的起点

朱永新

我们培育的孩子，是中国美好的明天，是我们共同的未来。每个大人都希望孩子有出息，希望今天的孩子是明天的人才。

但是，无论父母还是老师，我们很多大人在面对孩子的许多问题时，经常力不从心，不知所措。遇到困难的大人们，无论是渴望家庭教育方法的父母长辈，还是希望引导父母做好家庭教育的一线教师，不仅需要倾诉和聆听，更需要得到指导和帮助。这一套为家长量身打造的"家庭教育"丛书，正是为此应运而生。

为了让这套"家庭教育"丛书能够得到更好运用，在编写过程中，我们对各个环节进行了精心的设计。

我们针对0～3岁、幼儿园、小学、初中、高中五个阶段，分别邀请专家学者进行主编：《中国教育报·家庭教育周刊》主编杨咏梅和广西幼儿师范高等专科学校校长、教育学博士文萍主编0～3岁阶段和幼儿园阶段的内容，新教育萤火虫亲子共读公益项目创始人、原新家庭教育研究院理事长、著名儿童文学作家童喜喜和南宁师范大学教师教育学院院长、教授李福灼主编小学阶段的内容，南京师范大学教授、新家庭教育研究院副院长殷飞和南宁市第十四中学校长、正高级教师石鹏主编初中阶段的内容，中国教育学会家庭教育专业委员会常务副理事长、中国教育报刊社原党委书记兼社长翟博和南宁师范大学教师教育学院副院长、广西家庭教育研究会副会长王文蓉主编高中阶段的内容。

这五个阶段的主编，都是活跃在一线的优秀专家，在学术研究上各有造诣，都是家庭教育工作的资深学者，常年奔走在全国各地，对家庭教育的一线情况如数家珍，不仅有着广泛的影响力，更对不同地区的家庭教育特点有着全面把握，让这套丛书的内容能够更好地覆盖不同群体。

我们反复研讨，提出了诸多具体细致的编写要求。比如写作中，围绕相同问题，需要归纳不同背景、不同环境下容易出现的不同类型的状况或做法，分门别类地进行指导，从而让读者在阅读中更容易发现自己的问题和不足，选择方法时更有针对性等。

我们组建了由在中小学、幼儿园工作的优秀教师和全国各地的"新教育种子计划"公益项目的榜样教师组成的作者团队。这些作者本身就活跃在家庭教育的一线，他们每个人都在为丛书添砖加瓦，使得这套丛书更接地气，进一步提高其实用性。

我们以"过一种幸福完整的教育生活"作为宗旨，在内容中贯彻诸多家庭教育的根本理念，如"教育，从家庭开始""幸福比成功更重要，成人比成才更重要""阅读和家庭，是教育的两大基石""母亲是女人最神圣的天职""父亲是男人最重要的工作""与孩子一起成长""教育需要智慧爱"等。

我们反复推敲丛书的体例，形成了一个严密而高效的结构——

导语，对单元目标进行提纲挈领的把握。

案例分析，以当下事件为切入点，提炼重大问题，有的放矢。

了解孩子，明确不同年龄段孩子的主要特点，增进多方了解。

实施指南，以简明扼要的语言提供具体方法。

延伸拓展，围绕相关主题，推荐更多图书、影视或亲子活动，便于按图索骥、亲子共读、共赏、共乐。

评估改进，以现实生活中易犯的错误，结合章节的主题，编写测试题，供读者自测、自评，拟订行动计划。

鲜活的案例、务实的分析、高效的方法、贴心的测评，我们相信，这套丛书能够成为家庭教育的高参，成为家校共育的锦囊。

其实，在收到主编这套"家庭教育"丛书的邀请之时，我犹豫了很久。一是因为本职工作已经非常忙碌，主编一套丛书需要不少时间；二是因为早在几年前，我已经组织编写过一套同类题材的图书。最终，考虑到漓江出版社当时是应教育部门的委托前来邀请，考虑到有了此前的经验能够弥补一些不足，可以进一步提高家庭教育的有效性，我还是答应下来。

我知道，理念转化为图书容易，方法转化为行动艰难，所以我们从不同层面，推动着行动。

我把主编这套丛书的稿费100%捐赠给江苏昌明教育基金会，用于开展更多家庭教育研究和实践。

这套丛书的主编团队、作者团队，不仅会完成这套丛书的编写，还会在更多家庭教育的活动中，身体力行地帮助家长、教师、社会工作者运用这些知识。

在漓江出版社的支持下，由"家庭教育"丛书的编写委员会执行主编、小学阶段主编童喜喜以中国儿童文化艺术基金会"新孩子"专项基金和新教育新阅读研究所统筹组建的公益团队，已经在为城市、乡村等不同处境的父母群体细化研发更有针对性的课程，密切关注留守儿童成长问题、隔代教育问题等，并借助网络的便利，以公益的方式，将以"新父母双师网校"为载体，以"新教育种子计划""新教育萤火虫亲子共读"等公益项目，为父母、老师提供更多跟进指导。

这套丛书的内容得到了许多学校的认可。如今越来越多的学校教育工作者发现：家庭教育做好了，学校教育的地基就坚实了。所以，我们也和漓江出版社多次沟通，根据学校的特点和要求进行相应调整，专门推出了适合学校工作的版本，便于学校组织开展家庭教育工作。

陶行知先生说过："生活即教育。"家庭教育正应该成为这样的生活。教育应以万千家庭的生机盎然，组成新时代的蓬勃原野。

感谢漓江出版社的信任，感谢参与编写和创作的全体专家、老师认真勤奋、卓有成效的工作。错漏之处，敬请读者们多多指正。

家庭是教育的起点。起点稳了，方向对了，基础就牢了，孩子就好了，家庭就和谐了，教育就完整了，人生就幸福了。让我们一起努力，用好教育建设我们的好家庭！

2022年8月13日写于高铁途中

目　录 › ››

▶ 幼儿园小班上册

对于初为人父人母的家长而言，最苦恼、最担心的就是要将自己的孩子送进幼儿园，因为这是孩子第一次离开自己，担心孩子情绪低落、哭闹不止、茶饭不思、生病……

许多家长在孩子小的时候只想到自己能为孩子做些什么，而对孩子自己能做什么关注得较少，从而忽视了从小培养幼儿自我服务的能力、养成良好的自我服务习惯的重要作用。

这一时期的家长容易出现两种情况：一种是只关注幼儿在身高、体重等方面的身体发育状况和幼儿智力的开发；另一种是过于重视幼儿运动项目的训练，误解了"体育要从娃娃抓起"的真正实质。您是哪种呢？

▶ 幼儿园小班下册

　　我们可能见过这样的场景：外出旅游时，或者餐厅吃饭时，抑或是日常在家中，孩子兴致勃勃地跟爸爸妈妈说着什么，爸爸妈妈并不搭理，或是冷漠地敷衍过去……

　　在这个阶段当中，家长经常会因为孩子好动爱问而特别头疼，困惑于自己的宝贝是不是有多动症、怎么有那么多话要说，甚至认为这个不停说话的"小问号"有些烦人……

　　亲爱的家长朋友，您家有家庭公约吗？看到"家庭公约"四个字，您想到了什么？约定？规矩？家风？家训？家规？

第一专题　　缓解焦虑早适应

每一年幼儿园的新生入园季，都会看到眼泪汪汪的孩子拽着爸爸妈妈的手不愿松开，孩子们哭闹着不愿意入园，很多爸爸妈妈和孩子们上演的是痛苦离别的"悲情剧"。对于初为人父人母的家长而言，最苦恼、最担心的就是要将自己的孩子送进幼儿园，因为这是孩子第一次离开自己，担心孩子情绪低落、哭闹不止、茶饭不思、生病……

孩子一生中最大的分离焦虑就出现在幼儿园，分离焦虑主要是指孩子与抚养他们的人分别时表现的焦虑情绪及行为。对孩子来说，一方面生活环境变化，孩子对幼儿园的环境、老师感到陌生，另一方面孩子的生活自理能力、交往能力等还不足，需要一段时间来适应幼儿园的生活，导致孩子入园初期会表现出情绪多变、哭闹焦虑、恋家恋亲人等一系列不安的情绪和行为，这种情绪和行为我们称为"入园焦虑"。

分离焦虑是孩子心智发展中一个非常重要的环节，它对孩子的性格形成乃至心理塑造，都有着非常深远的影响，这也称为"心理断乳期"。怎样帮助孩子战胜对家人的不舍情绪，高高兴兴上幼儿园，尽快更好地适应幼儿园的生活，是家长必须做好的工作。研究发现，家长自身情况、教育行为、心理因素以及家园合作程度均与孩子入园焦虑程度存在明显关联，从爱的角度出发，每一位家长都可以帮助孩子迈好精彩人生第一步，帮助孩子度过"心理断乳期"，为孩子良好性格的形成和身心的健康发展助力，为他们营造金色快乐的美好童年。

案例分析

案例一 无处安放的忧虑：我的孩子要入园

今年九月，三岁的安安就要迎来人生的其中一个第一次：第一次上学。妈妈和安安说："你去到幼儿园要跟紧老师，不要乱跑，要不然老师就会批评你。"爸爸和安安说："你不听话，老师就会让你站到教室外面去。"安安都似懂非懂地大声回答："知道了！"然后就继续玩玩具。妈妈看到安安一副无忧无虑的样子，叹着气和安安爸爸说："也不知道到入园那一天，安安会哭成什么样子。"安安爸爸安慰说："顺其自然，到那一天再说吧。"

正式上学的那一天到了，安安背上小书包，和爸爸妈妈去幼儿园，一到幼儿园的大门护栏外面，安安就开始紧紧地抱着爸爸，不肯下来。爸爸妈妈又哄又骗才将安安送到了老师面前。妈妈忧心忡忡，走之前又特意返回去找到老师说："安安容易着凉，汗巾湿了请马上帮忙更换。"

中午的时候，安安妈妈看到配班老师在班级微信群里发了孩子们上午活动的照片，可是却没有看到安安清晰的照片，只有一个低头玩玩具的身影。安安妈妈担心老师忽略了安安，马上打电话给老师，询问安安的汗巾是否已经更换，同时让老师拍点安安的活动照片给她。老师回复说：在户外活动结束后，老师就已经马上协助孩子们更换了汗巾。为了方便新生家长了解孩子们的在园生活，老师只能尽量给孩子们拍照片发给家长，但是由于老师需要重点关注孩子们的活动安全，因此并不能刻意给每个孩子都拍照片。

下午放学时，妈妈问安安："今天在幼儿园有小朋友欺负你吗？中午睡着了吗？"安安想了一下，委屈地说："没有人欺负我，但我睡不着，我害怕。"妈妈问："为什么害怕？"安安说："我想要妈妈。"妈妈听了心里一阵难过，但还是安慰安安："你还是要努力睡着，要不然老师都不爱你了。"回到家，安安妈妈马上电话联系了老师，请老师在午休的时候要关注安安，希望老师能够陪伴安安入睡。

接下来的两周，安安在幼儿园时总会不时哭闹要回家，安安妈妈几乎每天都给老师打几次电话或者在接送安安的时候向老师提出各种要求，唯恐安安在幼儿园过得不快乐。安安对幼儿园的抵触情绪让妈妈揪心不已，安安妈妈不禁感叹："安安要什么时候才会爱上幼儿园？"

》》1. 错误暗示危害大，正面引导树信心

每一位家长都希望孩子能顺利适应幼儿园的生活，这也是每一位幼儿园老师的期望。但是有些家长用幼儿园和老师来威胁孩子，想要实现"借力打力"，让孩子在自己面前变成听话的"小绵羊"。这给小班孩子造成了很大的心理压力，他们才刚入园便对幼儿园和老师增添了不小的恐惧。大部分刚入园的孩子，对陌生的人和环境本来就容易产生胆怯的心理，若家长在家里时不时地火上浇油，强化幼儿园和老师的威严，会使得孩子更加惧怕老师、害怕入园，有的孩子甚至会因过度紧张而出现神经性身体不适或者做噩梦、失眠，对孩子的身心健康成长产生十分不利的影响。为了帮助孩子能够尽快爱上幼儿园，家长平时在家中应该以积极、正面的态度去引导孩子了解和认识幼儿园，让孩子明白幼儿园是一个可以放心玩耍和学习的地方，老师会像爸爸妈妈一样爱护他，在幼儿园可以获得更多不一样的乐趣。

家长在和孩子交流的过程中，要注意自己的言语导向，不要总是进行消极的提问，如"有小朋友欺负你吗""老师今天批评你了吗"等，这会给孩子负面的暗示。家长应在和老师沟通的基础上，正面引导孩子，如"今天你得了一朵小花，真棒！明天我们还去幼儿园，得更多的小花，好吗""老师说你做事很认真，可喜欢你了""今天和谁做好朋友了"……用积极鼓励的语言与孩子交流，多鼓励孩子正确的行为，以此帮助孩子和老师、小朋友建立感情，让孩子感受到上幼儿园的快乐。

》》2. 过度关注烦恼多，充分沟通解忧愁

在进入幼儿园之前，孩子在家中都是全家大人关注的中心，被照顾得无微不至。家长担心孩子进入幼儿园之后，老师无法关注到孩子的每

个细节，这种担忧的心情可以理解，但是过于在意自己的孩子能否成为老师关注的中心，则容易造成自身的焦虑和消极心态，从而影响孩子的入园情绪。家长应该充分信任孩子的适应能力，消除自己的紧张和消极态度，每天坚持送孩子入园。同时多和老师沟通，了解孩子的在园生活，支持和理解老师的教育工作，形成家校合力，助力孩子顺利入园。

幼儿园是孩子成长的乐园，但成长不可能一帆风顺，难免会有磕碰。特别是新入园的孩子，在面对诸如保持情绪的稳定、认识新朋友、学会自我照顾等新挑战期间，也许会经历人生第一次挫折，家长需要理性对待来自孩子的伤心和难过，保持冷静客观，和孩子一起分析面对的问题，挫折对于孩子来说也是一种重要的学习经历。家长有疑惑和困难时，可以及时与老师交流，寻求老师专业的育儿指导。在交流时，首先要保持自己情绪的冷静，要学会换位思考，尊重教师的专业性，和老师一起努力让孩子爱上幼儿园。

案例二 撕裂的信任：幼儿园"窃听风云"

转眼间，豆豆就三岁了，豆豆妈妈经过多方考察，终于决定将豆豆送到小区的幼儿园去上学。豆豆出生后，初为人母的豆豆妈妈对豆豆倾注了全身心的关爱。当豆豆妈妈休完产假回去单位上班时，她担心聘请的保姆照顾不好豆豆，悄悄在家里装了监控摄像头。上班的休息时间，豆豆妈妈就用手机点开监控，默默观察豆豆和保姆。现在豆豆要去上幼儿园了，豆豆妈妈总是担心豆豆在幼儿园被其他孩子欺负，担心豆豆能不能在老师的指导下照顾自己。同时，豆豆妈妈也非常想要了解豆豆在幼儿园里的一举一动，想知道豆豆在幼儿园学了些什么。她思来想去，决定给豆豆的书包悄悄装一个正在工作的录音笔。这样一来，豆豆在幼儿园里的上课内容、与小朋友以及老师的对话都能被豆豆妈妈掌握。豆豆就这样背着装有录音笔的小书包来到了幼儿园。

中午的时候，为了帮助豆豆更换汗巾，老师打开了豆豆的书包，却意外发现了用纸巾包裹着的录音笔。录音笔上的正在工作的指示小灯一直亮着，显然里面已经录制了上午小朋友们游戏和上课的内容，以及小朋友们之间及老师和小朋友之间的对话等信息。老师瞬间惊呆了，感到既气愤又伤心，觉得自己的人格和尊严受到了伤害。老师马上和园长报告了此事，并把录音笔交给了园长。

下午放学时，豆豆妈妈一到幼儿园便被早早等候在门口的园长请到了办公室。园长拿出录音笔，问豆豆妈妈是否将录音笔放到了豆豆书包里。豆豆妈妈瞬间脸红了，觉得十分尴尬，解释说是不小心把录音笔放到了豆豆书包里，还在家里找了很久。园长会心一笑，说希望豆豆妈妈能够保管好录音笔，以后不要再让豆豆带来幼儿园。回到家，豆豆妈妈心里想：这下子也不好再让豆豆带着录音笔去上幼儿园了，豆豆在幼儿园会不会哭呢？会有小朋友和她玩吗？老师会喜欢豆豆吗？真是愁死人了。

>> >>1. 家长过度焦虑不利于孩子自尊自信的发展

捧在手心，放在心上的心肝宝贝第一次离开父母的身边，开始体验集体生活，父母心中的焦虑和担忧心情可以理解，但是采用这样的"窃听"手段了解孩子的在园生活，以期达到保护孩子的目的，并不可取。名义上是保护孩子，实际上却是冲破了信任的底线，打破了家长、孩子与老师之间的和谐关系。如果家长的这类举动被孩子知晓，会在孩子幼小的心灵埋下对周围的世界和人不信任的种子，不利于孩子在人际关系中获取安全感和信任感，影响孩子的自尊和自信的发展。

>> >>2. 学会放手，做好榜样，促进孩子心理健康成长

幼儿园不仅对于孩子来说是新鲜的，而且对于新生家长来说也是全新的体验。面对新的挑战，家长也和孩子一样会紧张和焦虑。有些家长甚至在第一次送幼儿入园时和孩子一起泪洒幼儿园，或是送完孩子自己一路哭着离开幼儿园。俗话说："养儿一百岁，长忧九十九。"家长对儿女的担忧和焦虑是源于血浓于水的亲情，这是人之常情。但如果家长放任分离焦虑情绪无限扩大，孩子很容易受到这种情绪的传染，更加不利于孩子尽快顺利适应幼儿园的新生活。

孩子的成长过程中会迎来无数个"第一次"，家长需要学会适当放

手，相信孩子自己的能力，相信孩子的成长力量。特别是对于具有齐全的办学资质的幼儿园，家长可以信任幼儿园的老师们，给予教师充分的教育自主权，尽可能放手让孩子相对自由地成长，尽快适应集体生活，让家长和孩子之间的分离焦虑逐渐减弱，真正做到双方在精神上"断奶"。唯有这样，家长和孩子才能获得心理上的成长。

>> 3. 给予信任，支持陪伴，促进孩子自主成长

家长送孩子到幼儿园，初衷都是为了能够促进孩子的学习与发展，特别是能够让孩子适应集体生活，学会与人相处，成长为自主、自信和自强的个体。孩子离开家庭来到幼儿园，开始获得各种不一样的体验，经历的酸甜苦辣都是成长所需要的营养。在这里，他们学会生活自理，学习与他人相处，会感受到和伙伴一起玩耍的快乐，同时也会有挫折的体验。在幼儿园里，孩子不可避免地会犯错误，会受到老师的批评，这也是成长必经的过程，只要老师批评的目的明确，家长就不应干涉。如果家长过度保护，容易造成孩子越来越胆小怕事。当孩子面临交往冲突和危险时，就会不知所措甚至逃避，只能依靠家长来解决问题，长此以往会让孩子养成"习得性无助"，不利于孩子的发展。

>> 4. 充分交流，缓解焦虑，建立良好的亲子关系

造成幼儿园"窃听风云"的另外一个原因，是家长迫切想要了解孩子的在园生活，清楚孩子在幼儿园的喜怒哀乐和学习表现。而幼儿园和老师所提供的信息不能满足家长想要全方位了解孩子的需求，又担心孩子由于年龄较小，无法清晰而准确地向自己汇报在园一天的生活，进而采取这种"窃听"手段。从孩子发展的阶段来看，三岁以上的孩子已经具备了一定的认知和表达能力，能够听懂日常会话，愿意表达自己的需要和想法，能够简单向家长讲述幼儿园里经历的事情。家长与其忧心忡忡地想办法盯住孩子和老师，不如用心与孩子多沟通，及时发现问题，防患于未然。充分信任孩子自我学习的能力，耐心倾听孩子说话，拿出足够的时间与孩子交流和沟通，从谈论孩子感兴趣的话题入手，相互讲述见闻、趣事，引导孩子分享在幼儿园的感受和经历。家长还可以借助相关入园生活介绍的绘本，和孩子一起开

展亲子阅读，这样不仅能够让自己了解幼儿园的生活，也能够促进孩子语言能力的发展，促进亲子交流，帮助孩子尽快适应幼儿园的生活。

〉 >> 5. 尊重教师，积极配合，帮助孩子适应幼儿园生活

从老师的角度来说，家长的这种不信任、"隐蔽监控"的表现，会对老师造成极大的工作压力。老师们在幼儿园的一举一动都在家长的监控之下，老师容易担心自己是否会由于说话方式或动作引起看不见的监督者的误解，在教学活动中小心翼翼，不能充分发挥教育水平。特别是如果有家长发现孩子或老师的表现没有达到自己的要求，直接干预老师的教育教学，那么就会造成老师教育教学节奏的混乱，影响教学质量。家长要做的应该是积极配合幼儿园老师，相信教师的专业能力，引导孩子学会自己处理遇到的问题，让孩子更好地融入集体生活中。

综上所述，正是因为家长的过度焦虑、对幼儿园的不信任以及对孩子的过度关注，才让家长和孩子双方的"入园焦虑"以畸形的手段表现出来。这不利于和谐家校关系的构建，最终影响孩子和家长的身心发展。

案例三 智慧的父母：充分做好入园准备

琪琪两岁多，九月份就可以上幼儿园了，爸爸妈妈非常重视孩子上幼儿园的适应问题，认为提前做些准备是很有必要的。他们向同事、朋友以及幼儿园老师了解孩子上幼儿园前需要具备哪些能力，在家庭方面应该做好哪些准备。在充分了解后，琪琪的爸爸妈妈既不紧张也不焦虑，开始有条不紊地为琪琪做起各种入园准备。

首先，琪琪的爸爸妈妈会先教琪琪做一些力所能及的事情，如自己吃饭。他们给琪琪准备一个打不破的碗、穿上易清洗的围兜，固定吃饭的时间和地点，而且要求孩子一定要坐在餐桌旁，吃饭时间让她坐在小椅子里，吃饭的时候不能随意走动，杜绝边看电视边吃饭或边玩边吃。

锻炼琪琪自己脱、提裤子，逐步学习自己上厕所，教她擦屁股的正确方法，先让琪琪自己做，擦不干净再帮助她，同时培养孩子养成便后洗手的好习惯。节假日的时候，爸爸妈妈还会带着琪琪进行户外活动，如玩球、吹泡泡、放风筝、逛公园等，让她自由地玩耍，同时也引导琪琪跟其他小朋友一起玩耍，不断鼓励琪琪学习交朋友，扩大同伴交往范围，逐步帮助孩子树立我能行的自豪感和自信心。

其次，在琪琪上幼儿园前的两个月，琪琪的爸爸妈妈开始有意识地按照幼儿园里的生活作息时间表照护孩子。早上不睡懒觉，晚上九点半上床，陪伴孩子一起看看绘本、给孩子讲讲故事。大多数孩子都喜欢听故事，琪琪的爸爸妈妈有意识地选择了与入园分离相关的故事，如《我不怕上幼儿园》《你好，幼儿园》《幼儿园的一天》《汤姆上幼儿园》《我爱幼儿园》等，边读绘本边与琪琪交流，请她简单回答故事中的内容，询问她自己会怎么做，帮助琪琪从故事中学到克服消极情绪的一些方法。中午养成午睡的习惯，吃完午饭休息一会儿就让琪琪自己上床睡觉，爸爸妈妈会坐在床边陪一会儿，不要爷爷奶奶陪睡，培养孩子的独立性。爸爸妈妈特别用心，同时还注意帮助琪琪养成良好的卫生习惯，吃饭前要先洗手，玩完玩具后也要洗手，不用脏手直接接触眼睛，更不能在玩耍时吃手，养成健康的卫生习惯，为琪琪入园奠定一个好的基础。

再次，在入园前的一段时间，琪琪的爸爸妈妈经常有意识地带琪琪散步经过幼儿园，给她讲幼儿园里各种好玩和有趣的事，幼儿园里有各种各样家里没有的好玩的玩具、有趣的朋友，还有像爸爸妈妈一样喜欢她的老师，老师会带着小朋友玩各种游戏，激发琪琪对幼儿园生活的向往和热爱。在幼儿园允许家长参观的日子，爸爸妈妈特别用心，带着琪琪参观幼儿园的每一个角落，熟悉幼儿园陌生的环境，耐心地告诉她哪些地方可以做哪些事情，还将幼儿园的户外场景和班级环境都拍了下来。爸爸妈妈还有意识地带着琪琪跟老师交流，积极主动与老师沟通，帮助老师了解琪琪的个性特点、生活习惯、能力表现等，跟老师拍合影，帮助琪琪与老师建立亲密关系。回家后，爸爸妈妈会经常拿着照片让琪琪熟悉幼儿园里的各种环境，告诉她可以怎样玩。琪琪的爸爸妈妈抓住参观幼儿园的机会认识新伙伴，减少琪琪上幼儿园后对人、事、物的陌生感。同时，爸爸妈妈还特别配合老师的工作，积极参加幼儿园组织的亲子体验活动，陪同琪琪参加绘本阅读、游戏等活动，鼓励琪琪主动和其他小朋友交往，让琪琪体会到幼儿园生活的乐趣。

终于到琪琪上幼儿园的日子了，虽然前期做了充分的准备，但是面对自己不太熟悉的幼儿园，在与爸爸妈妈分开的那一刻，琪琪还是哭了，拉着妈妈的手不愿意妈妈离开幼儿园，特别是看到有的小朋友号啕大哭，边哭边喊"我要妈妈，我要回家"后也跟着哭了起来。看到琪琪哭了起来，妈妈意识到自己要马上离开幼儿园，不能再逗留，她要让琪琪意识到即使哭了，也还是要上幼儿园。妈妈蹲下来对琪琪说："宝贝，你看李老师多喜欢你，还有你的好朋友暖暖、彤彤都在幼儿园，你会自己吃饭、上厕所，能干的孩子才可以上幼儿园，等会儿李老师还要带你们玩好玩的游戏。妈妈要去上班了，下午幼儿园放学就来接你。"说完，妈妈把琪琪交给老师，头也不回地离开了。

❯ ❯❯ 1. 家长做好充分的思想准备，积极应对

案例中的家长特别关注孩子的健康成长，对孩子从家庭踏入社会的第一次分离特别关注，并做好了充分的思想准备：孩子离开父母，刚入幼儿园时有情绪、哭闹是正常的现象，有的孩子还可能出现食量减少、便秘、消化不良等情况，这是孩子的第一次"心理断乳期"。对于这些情况家长要做到心中有数，接受孩子的哭闹现象，不生气、不焦虑，更不要伤心难过。家长自身的情绪是影响孩子入园适应期质量的重要因素，家长首先要处理好自己的分离焦虑，不让自己的情绪影响到孩子，以积极的状态陪伴孩子顺利度过入园适应期。同时提前帮助孩子做好能力上、心理上、作息时间上的准备，帮助孩子提前熟悉幼儿园、老师、同伴，最大限度减少孩子的入园焦虑。有些家长对孩子入园有一定的担忧、纠结和焦虑，这种情绪会传染给孩子，强化他们的入园焦虑。

❯ ❯❯ 2. 入园前孩子能力和习惯上的准备和培养

家长重视孩子入园前自理能力的培养，如培养幼儿独立进餐、如厕、睡眠等自理能力，孩子在入园前掌握这些基本的生活技能，有利于增强适应幼儿园生活的信心，从而减轻入园时的分离焦虑。很多家长宠溺孩子，让孩子在家里享受到了极其优越的照顾，如一些两岁多的孩子在家

由父母或其他长辈喂食，没有自己动手吃饭的机会；很多孩子在家里睡觉的时候都要家长抱着、哄着才肯睡觉，长时间这样做，只会使孩子生活不能自理，变得更依赖父母。虽然孩子在幼儿园里有老师照顾，但班级里几十个孩子在同一屋檐下共同生活，老师不可能长时间陪着一个孩子，始终做不到如家人般照料得那般及时、全面。因此，习惯家长照顾的孩子上幼儿园后会特别地不适应，这一类孩子对集体生活更是不可忍耐。父母对孩子的过度保护和照顾，会导致孩子胆小、怯生，一旦父母突然离开，孩子的入园分离焦虑就更为强烈。被溺爱的孩子社交及生活自理能力相对较弱，对幼儿园的生活充满了恐惧。当孩子准备入园时，家长可以提前了解幼儿园的作息时间，并利用入园前的一两个月时间，逐步对孩子的生活作息进行调整，务必转变孩子家庭生活的不羁性，尽量让孩子根据幼儿园的作息时间有规律地生活，让孩子养成优良的生活卫生习性，拉近家校生活的距离，让孩子对幼儿园生活更加习惯，让孩子的分离焦虑得到缓解。

>> > 3. 和孩子一起提前熟悉幼儿园

在孩子准备入园的这个阶段，家长做到了经常带着孩子在幼儿园附近散步，这样孩子就可以观察哥哥姐姐在幼儿园的生活，激发他们入园的愿望。同时，给孩子积极的心理暗示，如"幼儿园里可好玩了，有很多小朋友，老师会每天带着小朋友玩游戏、滑滑梯"等。利用一些适宜的绘本和儿歌，使孩子了解幼儿园的生活，向往幼儿园的生活，知道一些排解焦虑、克服消极情绪的方法。家长也可以有意识地给孩子讲自己看到或听到的幼儿园的故事和趣事，使他们对幼儿园的生活充满美好的憧憬。

当幼儿园开放的时候，家长可以抓住机会帮助孩子认识幼儿园的各个场所，认识孩子班级的老师和小朋友，让孩子或多或少地参与到幼儿园的活动中，给孩子一种参与感、成就感及认同感，让孩子找到兴趣点。孩子的可塑性是很强的，每一次尝试、突破，都是其自身心智走向成熟的锻炼。

综上所述，提前帮助孩子做好入园的各种准备，让他们提前对集体生活有一定的认知，孩子入园后就会很快地融入、适应幼儿园的生活。反之，孩子对于进入新的环境和接触陌生人没有心理准备，就会产生强烈的不安全感，加深焦虑情绪。

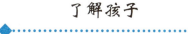

了解孩子

一、幼儿期的年龄特点导致分离焦虑

幼儿期是孩子人生发展的初始阶段，这一阶段他们的身心尚未发展成熟，自理能力欠缺，这就决定了他们在生活上、心理上比较依恋成年人，害怕与家长分开。上幼儿园，则使一直生活在家人关爱中的孩子第一次与家长分离，这种"情感断乳"的心理冲击，会使孩子产生紧张、不安、焦虑的情绪，形成入园时各种不适应症状。而家人的细心照料，使有的孩子在生活自理方面失去很多锻炼的机会，一些基本的生活技能没有很好地掌握。这些孩子入园后，生活就会力不从心，对幼儿园提出的生活自理要求与规则感到很大压力，加重了焦虑情绪。

二、孩子的个体差异导致出现的焦虑程度大不相同

每个孩子的个性都不相同，不是所有的孩子都会产生分离焦虑，分离焦虑的程度也受孩子性格特点影响。性格外向活泼、阳光积极的孩子愿意和同伴交往，对新事物的探索欲望较强，愿意参加集体活动，能体验到幼儿园带给自己的快乐，入园后可以很快地融进园内团体生活，这样的孩子分离焦虑表现得不明显，甚至不会出现分离焦虑。而性格内向、自理能力较弱的孩子不愿意与同伴交流和互动，话极其少，对新环境的认知水平和兴趣不高，体会不到入园的快乐，这种类型的孩子则比较容易出现入园焦虑。

三、生活环境的改变，引起孩子入园焦虑

孩子入园后生活环境的改变是多方面的，生活场所与生活方式改变，人际交往环境也发生了改变。孩子在家中有最亲的人全天陪伴，突然被丢到一个完全陌生的环境中，整整一天都见不到家人；在家中吃喝玩乐无拘无束，突然开始被限定在几点做早操、几点进行区角活动的框架内；本来衣来伸手，饭来张口，突然要开始自己面对吃饭、穿衣等挑战。这些困难叠加在一起，整个适应过程对孩子来说是巨大的考验。孩子的生活环境发生这么大的转变，往往会让孩子不安和紧张，不情愿的情绪就会展现得更加明显。这需要孩子尽快适应新的集体生活，如果处理不好这些关系，也会引起孩子情绪的焦虑。

四、孩子出生后亲子依恋关系的影响

孩子出生后一直与父母或祖父母等家人生活在一起，对家人会有着有别于其他人的亲密感和依赖性，而且孩子的年龄都很小，极少与外界接触，他们的安全感就来自与他们长期共处的亲人。在进入幼儿园之前，孩子备受父母的关怀与照顾，被小心谨慎地保护着长大，从未和父母分开过，构成了某种安全的依赖关系，孩子从小生活的家庭环境和接触的人使他们感到安全和放心。而初入幼儿园时，陌生的环境、不熟悉的人会使他们产生不安全感，这种不安全感困扰着他们，使他们渴望回到安全的人身边和熟悉的环境中。可以说，进幼儿园是孩子初次真正意义上的与父母分别，自己去应付一些事情，此类安全性的关系出现了改变，孩子便开始缺乏安全感，他们的安全需求得不到满足，很容易对身边的事物感到害怕，因此产生了焦虑。

五、传染性分离焦虑强化孩子焦虑

孩子入园时的情绪很容易受到家长情绪的影响，家长的焦虑程度是影响孩子焦虑情绪产生与持续时间的重要因素，家长焦虑程度越高，孩子对集体生活的适应能力越差。此外，孩子受同伴的传染性分离焦虑影

响较明显，这样的现象常常出现在早晨进入幼儿园以及下午离开幼儿园的时候，有的孩子原本未哭泣，在看见其他同伴哭闹后，他们就产生了依恋家的情绪，也出现了哭闹的表现，即所说的传染性分离焦虑。

六、生活规律发生变化导致的分离焦虑

孩子在家里生活了三年的时间，已经习惯了父母或其他长辈为他们设定的作息时间，在自己小小的身体中也形成了一整套个人所属的小生物钟。踏进幼儿园之后，属于他们的小生物钟需要随着幼儿园的作息时间表做出改变，这些突发性的改变也很容易致使孩子产生分离焦虑。

七、对幼儿园事物厌倦后的分离焦虑

有的孩子最初走进幼儿园时，分离焦虑反应现象还不是很突出。相反，他们对于幼儿园里的事物有着极其强烈的好奇心，好奇心是孩子与生俱来的。初次入园时，对身边的一切事物他们都拥有很强的好奇心与兴趣，这里玩一下，那里瞧一下、碰一下。然而，在幼儿园熟悉了几天以后，关于这一新环境的好奇感便会慢慢回落，孩子不再觉得新奇的时候，便察觉其实这里远远不像自己长期所待的家里好，不自由，这也能导致孩子的分离焦虑。

实施指南

教育部 2001 年颁布的《幼儿园教育指导纲要》中就明确指出："幼儿园必须把保护幼儿的生命和促进幼儿的健康放在工作的首位。"健康是指人在身体、心理和社会适应方面的良好状态。良好的情绪是心理健康的重要标志，就孩子而言，情绪的安定与愉快是基础，是孩子健康的重要表现。当孩子情绪处于安定与愉快的状态时，机体会分泌出对身体有益的物质，这有利于孩子身体的正常发育与健康发展。愉悦的情绪

还有助于孩子积极地探索环境，与他人交往，并与他人建立良好的关系。因此，情绪安定与愉快是孩子保持身心健康及产生适应行为的重要条件。

一、充分理解，多方有效缓解分离焦虑

孩子较容易因环境变化、亲子分离、心理冲突等而出现较大的情绪波动，并较难自控。这就需要成人去了解他们、理解他们的内心感受，并帮助他们逐渐缓解和转移不良情绪。刚入园的孩子，通常会因与亲人分离及对环境感到陌生而产生焦虑、紧张、害怕等不良情绪，需要家长去帮助和引导他们缓解分离焦虑，减少对新环境的陌生感和恐惧感，使情绪逐渐安定下来。

二、创设环境，建立亲密的亲子关系

创设温馨的家庭人际环境，营造温暖、轻松的心理环境，让孩子充分感受到亲情和关爱。主动亲近和关心孩子，经常和他一起游戏和活动，让孩子感受到与人交往的快乐，建立亲密的亲子关系。在积极、温馨、快乐、关爱的家庭生活中，让孩子形成积极稳定的情绪情感，形成安全感和信赖感。保持良好的情绪状态，以积极、愉快的情绪影响孩子，帮助孩子学会恰当表达和调控自己的情绪等。

三、充分信任，给予自我服务的机会

孩子身心尚未发育成熟，需要家长的精心呵护，但不宜过度保护和包办代替，以免剥夺孩子自主学习的机会，养成过于依赖的不良习惯，影响其主动性、独立性的发展。鼓励孩子做力所能及的事情，对孩子的尝试与努力给予肯定，不因做得不好或做得慢而包办代替，即使做得不够好，也应鼓励并给予一定的指导，让他在做事中树立自尊和自信。指导孩子学习和掌握生活自理的基本方法，锻炼其手部动作，如练习自己用筷子吃饭、扣扣子、穿脱衣服和鞋袜、洗手洗脸、擦鼻涕、擦屁股等。

四、增加社交，锻炼孩子的交往能力

经常带孩子接触不同的人际环境，如参加亲戚朋友聚会，多和不熟悉的小朋友玩，使孩子能较快适应新的人际关系。经常和孩子一起到户外运动和游戏，鼓励孩子和同伴一起开展体育活动，创造交往的机会，让孩子体会交往的乐趣。如鼓励孩子参加小朋友的游戏，邀请小朋友到家里玩，感受和朋友一起玩的快乐。当孩子不知怎样加入同伴游戏或提出请求不被接受时，建议他拿出玩具邀请大家一起玩，或者扮成某个角色加入同伴的游戏。和孩子一起谈谈他的好朋友，说说喜欢这个朋友的原因，引导他发现同伴的优点、长处。

五、规律生活，养成良好的作息习惯

让孩子保持有规律的生活，养成良好的作息习惯，如早睡早起、每天午睡、按时进餐等。帮助孩子养成良好的饮食习惯，如合理安排餐点，帮助孩子养成定点、定时、定量进餐的习惯；帮助孩子了解食物的营养价值，引导他们不偏食、不挑食，少吃或不吃不利于健康的食品；多喝白开水，少喝饮料；吃饭时不过分催促，提醒孩子细嚼慢咽，不要边吃边玩；等等。帮助孩子养成良好的个人卫生习惯。

六、积极交流，激发孩子对幼儿园的好奇心

在孩子进入幼儿园之前，多与孩子交谈有关幼儿园有趣好玩的生活，经常带他们到幼儿园周边散步，提前感受幼儿园的生活，激发他们对幼儿园生活的好奇心，让他们开始向往幼儿园。多给孩子提供倾听和交谈的机会，使他们愿意表达自己的需要和想法。如经常和幼儿谈论他感兴趣的话题，经常抽时间与幼儿一起看图书、讲故事。注意观察孩子在新环境中的饮食、睡眠、游戏等方面的情况，采取相应的措施帮助他们尽快适应新环境。

延伸拓展

一、推荐书目

> >> 1.《幼儿园的一天》(著者:［法］萨米尔·瑟努斯;绘者:［法］亨利·费尔纳;出版单位:北京科学技术出版社)

图书简介:书里描绘了小动物们在幼儿园一天的生活和学习。小动物们虽然个性不同、形态各异、生活习惯不同,入园的时候状况百出,但都在尝试融入集体。它们最终能一起画画、做运动、玩玩具,一起上课、吃饭、午睡,一起听老师讲故事。在休息的时候,也会想念爸爸妈妈……

推荐理由:该书借助小朋友们喜爱的小动物形象,详尽地描述了幼儿园的生活,通过小动物们生动幽默的演绎,让孩子们轻松理解幼儿园的学习和生活是什么样的,缓解因陌生而导致的入园紧张和焦虑。

> >> 2.《我准备好上幼儿园了·你好,幼儿园》(著绘者:北京小红花图书工作室;出版单位:中信出版社)

图书简介:我要上幼儿园了,幼儿园是什么样的?孩子都要上幼儿园吗?要是小动物也要上幼儿园,它们都要学会什么本领呢?我们上幼儿园又要学会哪些本领呢?本书对比了小动物在幼儿园里和小朋友在幼儿园里将要学到的东西,让孩子感到幼儿园是一个有趣的地方。书的结尾,孩子背着小书包奔向幼儿园,展示了一种快乐幸福的气氛。

推荐理由:这是一本关于幼儿园生活的绘本,在欢乐的阅读中,可以减少孩子们对陌生环境和新生活的恐惧和排斥。同时,书后还有给家长的幼儿园指导信息,让家长们了解如何帮助孩子轻轻松松入园。

> >> 3.《我爱幼儿园》(作者:［法］塞尔日·布洛克;出版单位:北京科学技术出版社)

图书简介:莱昂要上幼儿园了,入园开学那天,他起不来床,觉得幼儿园"真是恐怖",认为自己就要被卖掉,上完第一天就再也不想去了……但最后,他爱上了幼儿园,因为那里有他的老师和朋友,他学会了运动、分享、照顾自己和许许多多的事情,他骄傲地宣布:我爱幼儿园……相信你的孩子也一样!

推荐理由:这本书被誉为"幼儿园入学准备第一书"。简单的线条,以小莱昂自述的角度淋漓尽致地勾勒出孩子对幼儿园最真实细腻的情感,把孩子刚入园的情景描绘得细致入微。这本书会告诉你,孩子是如何体验上幼儿园这件事的。书中真实地描述了他们的紧张和害怕,也会让我们家长对孩子多一分理解和宽容。

> >> 4.《幼儿入园读什么——幼儿园入园课程研究》(作者:高美霞;出版单位:北京师范大学出版社)

图书简介:该书按照小班、中班和大班三个阶段,通过一个个课程方案和活动记录,介绍了幼儿入园和升班时幼儿园所开展的活动和教育。

推荐理由:家长通过这本书,不仅可以提前了解幼儿入园的心理活动和幼儿园教育概况,还可以充分了解幼儿园和老师为了帮助孩子尽快适应新环境和新班级所做的努力,降低家长对幼儿园教育的陌生感,能够更好地陪伴孩子入园以及支持和配合幼儿园的教育。

> >> 5.《宝宝入园那些事儿——李跃儿园长写给妈妈的"入园指南"》(作者:李跃儿;出版单位:北京理工大学出版社)

图书简介:全书从解答一个个新生家长关注的问题入手,内容涉及入园年龄、孩子自理能力的培养、孩子如何与同学相处、如何与幼儿园老师沟通等家长关心的问题,全方位展现了孩子在幼儿园的生活情况。

推荐理由:本书通过丰富的案例,深入浅出地给家长介绍教育理论和实践经验,帮助家长尽快进入新角色,解决那些让家长头疼、孩子受伤的入园焦虑问题,让孩子更快、更好地适应幼儿园生活。

二、亲子游戏

>> 1. 我要黏着你

游戏价值：这是为特别黏人的孩子准备的游戏，通过角色的互换，既增进亲子关系，又让孩子从另外一个角度看到自己举动的不合理之处，增强孩子的独立性，那种想要和家长整天腻歪在一起的情感，都能在游戏中得到释放。

游戏玩法：家长和孩子互换角色，家长模仿孩子平时爱黏人的样子，孩子变成家长。家长抓着孩子的衣服或者抱着孩子，用孩子平时说话的语调说："我不要离开你，我要一直跟着你。"玩这个游戏的时候，需要家长注意保持自己的"孩子身份"，从孩子的角度出发，夸张模仿孩子平时黏人的举动。比如对孩子说："我要跟着你，你去上厕所也不要紧，我也要跟着你。""你去做饭，我也要拽着你，我不要和你分开。"

>> 2. 我要上幼儿园啦

游戏价值：在游戏里，孩子会不自觉地把自己遇到的问题表现出来，并在一遍遍的游戏中，找到解决的办法。通过这样的游戏，让孩子提前熟悉和了解幼儿园一日生活流程，也明白"有困难可以找老师"这一个求助方式，缓解孩子的入园焦虑。

游戏玩法：家长通过新生家长会或者网络等信息渠道先了解幼儿园的一日生活，然后扮演老师，利用家里的小玩具，和孩子一起演习上幼儿园。比如说，入园先去进行晨检，然后进到教室吃早餐、开展区域活动，接着幼儿园的老师还会带孩子参加户外活动、午休等。慢慢地，还可以让孩子扮演老师，家长扮演孩子，听从"老师"的指导，假装自己刚到幼儿园，什么都不懂，积极地问"老师"："我现在应该怎么做呀？"孩子一定会非常乐意地回答您的问题。

评估改进

一、自我评估

亲爱的家长，您好！您在日常生活中的实际情况与下面列出的表现是否相符？若相符，则选"是"；若不相符，则选"否"。

	是	否
1. 您是否经常在陪伴孩子玩游戏的过程中渗透一些学习的内容？	□	□
2. 您是否在孩子遇到困难时，总是先让孩子自己动脑筋想办法解决？	□	□
3. 生活中只要孩子可以自己做到的，您是否都基本不帮忙？	□	□
4. 您是否经常带孩子外出和其他小朋友们一起玩耍？	□	□
5. 您是否一直注意培养孩子的时间观念？	□	□
6. 您是否总是耐心地回答孩子提出的各种问题？	□	□
7. 您是否经常陪伴孩子阅读，并探讨阅读体会？	□	□
8. 您是否积极和孩子一起参加幼儿园组织的各种入园适应活动？	□	□
9. 您是否经常带孩子去到不同的户外环境进行探索和游玩？	□	□
10. 您是否通过查询网络信息、阅读书籍、聆听专家讲座、和其他家长交流，主动了解新生入园阶段家长应注意的事项？	□	□

【评估参考】

①若您选"是"越多，越说明您为孩子的入园已经做好了准备，相信您的孩子在幼儿园里会过得很愉快。

②若您选"否"越多，越说明您尚未为孩子做好入园准备，建议您

参考本专题内容加强培养孩子。

二、改进计划

1. 自我反思，在家庭中您为孩子入园适应做的准备有哪些方面做得比较好？还存在哪些不足？

2. 请您根据本章所学内容，针对自己孩子的个性特点，拟定一份改进计划。

第二专题　　自我服务长能力

"我要自己来！"您有没有碰到过孩子提出这样的要求呢？当爸爸妈妈想帮孩子做一件事情的时候，某一天孩子会忽然开始抢夺"主动权"了。恭喜您，宝贝这时已经进入了一个新的阶段，开始主动通过完成一定的任务去探索世界，建立独立的自我意识了。

《3～6岁儿童学习与发展指南》中特别提到健康领域的教育目标之一是"具有基本的生活自理能力"，3～4岁的幼儿年龄小，对周围事物感到新鲜有趣，他们喜欢独立完成自己能够完成的任务，而且为自己能够完成任务而骄傲。如果这个时候家长能够以适当的方法鼓励幼儿，培养幼儿自己的事情自己做的意识和能力，孩子就能养成良好的独立性，建立自信心，增强责任感和意志力，获得成功感。

许多家长在孩子小的时候只想到能为孩子做什么，而对孩子自己能做什么关注得较少。孩子是全家重点保护的对象，如果家长总认为孩子还小，把平时日常生活中的一些事情都好心地包办了，那么一些孩子本应该有的锻炼劳动技能的机会，就会在无形中被剥夺了。这样往往造成幼儿自理能力差、不爱劳动、懒惰等不良后果，同时也养成了依赖性强、独立性差、能力弱等弊病，使孩子在成人后难以适应社会发展的要求。所以从小培养幼儿自我服务的能力，养成良好的自我服务习惯，对孩子的终身发展有重要的意义。本专题通过三个典型的案例，帮助家长培养孩子的自我服务能力。

案例分析

案例一 只吸菜汁的星星

随着进餐音乐的缓缓进行，已经有一半的小朋友把午餐吃完，准备去阅读区看书了，星星却还在自己的座位上嚼着菜。今天的午餐有香焖鸡肉、碎肉豆腐和青菜，星星面前的餐盘中是一小堆她吐出来的肉渣和菜渣。老师巡视一遍后，坐到星星的旁边鼓励她："加油，今天星星已经自己吃了一些了，试一试不要吐出来，会很好吃哦！"看到星星久久不动手，老师拿起勺子喂她一口。

这是幼儿园日常生活中的一个常见片段，入园后老师们发现星星基本不能自己吃饭，而且就算喂她，她也要咀嚼很久，不能吞咽，或者咬了以后吸入菜汁把渣吐出来。往往其他小朋友都吃完准备进行下一项活动了，她还对着满满的饭菜发呆。

原来星星是个早产的孩子，身体较弱，全家人想尽办法照顾她，给予她最精心的呵护，希望她能更好地吸收营养长身体，避免生病。在家里，爸爸妈妈一直给星星吃各种流质的食物，无论是肉类、主食还是青菜，都是搅拌成泥煮成糊状喂给她吃。爷爷奶奶非常疼爱这个小孙女，几乎不让她做什么事情。妈妈说："星星现在3岁了，可以不要喂她了。"奶奶立即阻止："不行不行，星星还小呢，等下烫到怎么办？自己吃还会搞得到处都是饭菜，还难收拾呢。"一天，星星拿起小毛巾想试着自己擦脸，奶奶立即把毛巾抢过来湿水拧干，一边帮她擦脸一边说："哎呀！你看你，把袖子都弄湿了，等下感冒了怎么办？"渐渐地，星星不再尝试自己动手了，习惯等着大人来给她帮忙。

上了幼儿园，星星不能自己吃饭，不能自己穿衣服、提裤子、穿鞋子，每到生活环节的时间，只能等着老师帮忙。当其他孩子都完成了自我服务任务去游戏的时候，星星都羡慕不已。渐渐地，星星越来越不爱说话了。

　　当老师与星星的爸爸妈妈沟通后，家长才意识到问题的严重性。但爷爷奶奶与爸爸妈妈的观念与做法产生了冲突，又成了一个新的问题。

　　现实生活中，许多家长把关注点放在孩子的身体成长上，却往往忽视了孩子的自我生活能力的培养，事事为孩子包办，父母的一系列包办行为，会使孩子逐渐丧失自我。久而久之，孩子会丧失独立性和克服困难的意志和能力，这对孩子未来的发展极为不利。

› ›› 1. 家长忽视孩子咀嚼能力的培养

　　案例中星星小朋友的家长就是没有重视她咀嚼能力和动手能力的培养。幼儿添加辅食都是从糊状食物添起的，再慢慢向固体食物过渡，可如果孩子到了 3 岁还不会自己动手吃饭，甚至连咀嚼都不会，那就会影响孩子的正常发育了。幼儿园小班的老师常常听家长诉苦："孩子吃东西不会嚼，遇到成块成条的食物也只是硬吞，有时见小朋友吞不下去作呕的样子，我心里都难受，但不知道怎样锻炼他的咀嚼能力。给他东西咬，他会咬得很细很慢，就是咽不下去，这怎么办呢？"

　　星星的家长喜欢给她喂泥状或打碎的食物，导致星星在关键时期缺乏锻炼，影响咀嚼和吞咽固体食物能力的发展。家长如果始终让孩子吃细软的食品，孩子咀嚼肌得不到锻炼，当孩子习惯细软的食品后，就会拒绝吃需要费力嚼的食物，从而更得不到必要的锻炼。有的孩子就会表现为嘴里含着东西一直不咽，有的孩子则一吃粗纤维的东西就恶心想吐。

　　咀嚼对孩子至关重要，首先咀嚼对牙齿是一种锻炼，并能使牙齿自洁，可降低牙周病、蛀牙等的发生率。而咀嚼功能低下，会使牙齿松软，甚至容易导致贫血、智力发育迟缓，所以，家长一定要有意识地给孩子创造咀嚼的条件和机会，如给孩子薄的馒头片、面包片、水果片、菜梗等，让其自己咬着吃。给孩子的食物由软到硬，循序渐进地锻炼其咀嚼能力，这对孩子的面部发育、生理发育有很好的帮助。另外，咀嚼能促进幼儿颌骨和牙齿的发育，让孩子自己充分咀嚼食物也有利于语言能力的发展。

▶ ▶▶2. 祖辈溺爱，剥夺孩子动手机会

案例中的家长除了没有注意培养星星的咀嚼能力，还以包办代替的方式剥夺了星星自己尝试、自己学习做事情的机会。爷爷奶奶认为，星星身体从小就弱，应该少让她做事情，尽可能地帮她把所有事情都做好，认为这样才是照顾好她。当星星拿起小毛巾想试着自己擦脸时，奶奶立即飞快地抢过去帮她把脸擦好。对星星来说，这样被照顾，会失去自己动手尝试做一件事情的兴趣与乐趣。更重要的是，星星由于缺少成功的体验，已经出现了闷闷不乐的表现，长此以往容易让孩子否定自我，怀疑自己的能力，认为自己不够好，导致孩子的自信心受到影响。

因此，当孩子具备了动手的好奇心与探索欲望的时候，家长应该及时给予支持与鼓励，让孩子在力所能及的范围中尽量自己动手完成一些事情，也就是我们常说的"自己的事情自己做"，让孩子逐渐体验到自己动手完成一件事情的快乐，获得成就感，帮助孩子树立自信心。

▶ ▶▶3. 家庭成员教育观念不一致

此外，家庭成员对孩子的要求要保持一致，与幼儿园的要求也要保持一致。像案例中，星星的爸爸妈妈已经意识到在家庭中也要培养孩子的自我服务能力了，但却与爷爷奶奶的思想、做法产生了冲突。由于隔代亲，老人更易迁就孩子，爸爸妈妈要和祖辈多沟通，决不能溺爱孩子。被溺爱的孩子很难建立稳定的生活习惯，刚刚在爸爸妈妈的支持下学习到的生活技能，也会因在爷爷奶奶的包办代替下得不到练习的机会而出现倒退。

案例二　不一样的乔乔

幼儿园小二班教室里，小朋友们刚刚起床不久，王老师在协助小朋友们逐一穿好衣服，整理着装。乔乔用老师教的方法很快就把外套穿好了，穿裤子时却遇到了一点困难，当她把裤子从下往上提的时候，提到一半卡住了，不能两边手一起提起来。

乔乔看看王老师想寻求帮助，发现王老师正在离她较远的地方帮助另外一个小朋友。于是，她停下来想了想，把两只小手一起放到左边拉了一下，又把两只小手一起放到右边拉了一下，这下裤子被提上了许多，然后乔乔再抓着两边裤头一起提，就顺利地把裤子提到腰部了。这时她听到王老师说："有的小朋友已经能自己穿好衣服了，太棒了！穿好衣服的小朋友可以去洗脸和喝水了。"乔乔身边的小冬还抓着衣服在等老师来帮忙呢，乔乔转头自豪地对小冬说："我都穿好了。"然后离开小椅子，到盥洗区去了。

第二天早上在家里，妈妈叫醒乔乔，亲亲乔乔说："宝贝起床了，来穿衣服。"乔乔坐在床上等着妈妈帮自己脱睡衣、套好外套，妈妈展开外套的袖洞，乔乔把手穿进去。妈妈说："来，乔乔会自己穿裤子吗？王老师说我们要学习自己的事情自己做了哦！"乔乔说："我不会，妈妈帮。"妈妈立即帮乔乔把裤子穿好，把外套的拉链拉好，一边帮乔乔梳头发，一边再次说："乔乔上学了，要学习自己穿衣服啦。"梳好头，妈妈嘱咐乔乔去喝水。忙了一会儿，妈妈过来看到乔乔还坐在床上玩，着急地说："哎呀，你怎么还没动？"飞快地倒了一杯水递到乔乔手中。

来到幼儿园教室门口，乔乔和老师打招呼后进了教室，妈妈对王老师说："王老师您辛苦啦，乔乔都不会穿衣服，请老师多照顾她。"王老师诧异地说："乔乔在幼儿园很能干，基本都是自己穿衣服的，常常是小朋友们学习的榜样呢！"这是怎么回事？乔乔妈妈疑惑了。

像乔乔这样，在幼儿园里能做到自己的事情自己做，而回到家里却"退化"成了什么都不会的小宝宝，这是很常见的。我们来分析一下为什么会出现这样的现象。

＞ ＞＞1. 幼儿园里锻炼机会多、同伴氛围好

3岁后乔乔的动作协调性已经开始发展，具备了自己穿简单衣服的能力。在幼儿园里，老师能够以适宜的方式引导幼儿学习基本的自我服务技能，并在每一天的日常生活中不断给予幼儿重复练习的机会，当幼儿的技能学习获得进步时，立即予以表扬和鼓励，而对于还没有掌握生活技能的小朋友，老师也会尽量先鼓励他们自己多尝试，才提供必要的

帮助。

　　同时在班级这个小集体里，老师常常让会的小朋友当小老师教一教不会的小朋友，能自己的事情自己做的幼儿往往成为大家学习的榜样。在小伙伴们的互相观察与模仿中，还能够建立一种学习的氛围，大家都在一点一点地进步。乔乔能自己穿好衣服、自己擦嘴巴、自己用小杯子接水喝，得到老师的表扬与小伙伴的羡慕，常常让乔乔感到骄傲与自豪。

　　另外，较早完成生活环节的孩子，往往能获得更早进入下一个环节的机会，比如可以更快地进到阅读区选择自己喜欢的图书看，选择自己喜欢的区域游戏玩，可以排在队伍的前面等。这些都对乔乔产生了强大的吸引力，从而有更大的动机去克服困难，努力尝试学习更多的生活技能。

>> 2. 乔乔希望通过寻求帮助获得妈妈的关爱

　　回到家里，明明乔乔已经能做到的事情，为什么又不愿意自己做，变得依赖妈妈了呢？我们需要分析一下乔乔的心理，而不能简单地责怪孩子"懒"或"作"。可能性之一，是虽然乔乔已经掌握了某项技能，但这项技能对她来说也是有一定难度的，掌握的程度还不够高，自己独立完成有点累；可能性之二，这是乔乔寻求与妈妈进行亲子互动的一种心理表现。

　　心理学家发现：亲子互动对孩子的成长至关重要，孩子在亲子互动中，不仅能获得安全感，还能提升幸福感。很多时候，孩子是通过让家长帮自己做事情来实现亲子互动的。明明学会了走路，却还要妈妈抱；明明会吃饭，却还要妈妈喂。孩子通过这样做来获得妈妈的爱，也能确定妈妈是爱自己的，这个过程本身就是亲子互动。

　　也许，刚刚上幼儿园不久的乔乔，想通过让妈妈帮助自己做事情来获得更多与妈妈亲近和互动的机会，这些都是孩子正常的心理需求。

>> 3. 家长自身知行脱节

　　再分析一下家长的做法是否有需要改进的呢？在案例中，可以看到乔乔的妈妈是有培养孩子自我服务能力的意识的，这从她早上两次提醒乔乔要学习自己的事情自己做可以感觉到，但是乔乔妈妈的要求仅仅停留在"说"上，而没有落实到"做"中。

妈妈提出要求后，没有等待乔乔自己去尝试，而是当乔乔一提出困难，妈妈立即就去帮忙解决，可以说是有求必应。妈妈见不得乔乔等待与为难的样子，这样并不利于孩子的学习与进步。也许乔乔妈妈也没有意识到，其实自己说的与做的并不一致。这样的不一致，导致乔乔更倾向于选择对自己来说更容易、舒服的方式，那就是等着家长来帮忙，她们之间的互动模式让乔乔知道，妈妈说归说，她肯定要来帮我的。

久而久之，乔乔就形成了在家中过度依赖的习惯。另外，没有小伙伴们的竞争与比较，家长也没有经常给予激励，乔乔缺少了学习动机，就更不愿去尝试克服困难、学习生活技能了。

所以，从某个角度说，学做一个"懒妈妈"，有时才会更有利于孩子的独立与成长。如果乔乔是希望通过让妈妈帮助自己做事情来获得更多亲子互动的机会，妈妈可以增加陪伴的时间。当乔乔在自我服务上有进步时，多给予她及时的鼓励，并以亲近的互动来表示赞扬，如拥抱、亲吻、贴贴脸蛋、抚摸一下头等。这样，乔乔就能体会到自己动手也一样可以得到妈妈的关注与亲近了。

案例三　米米会如厕了

米米妈妈最近碰上了一个难题，米米3岁上幼儿园了，可是米米的老师说，米米一直不愿意在幼儿园里大便，哪怕感觉到他有便意，他也摇头否定，宁愿憋着。妈妈非常担心米米，这样憋着可别憋出病来。妈妈问米米："为什么不愿意在幼儿园里便便呀？"米米也没有说出什么原因。幼儿园老师对米米妈妈说，可能是幼儿园的环境对米米来说还是比较陌生的，也可能米米还不能自己擦屁屁，又不愿请老师帮忙，希望米米妈妈多鼓励他，让他能在幼儿园正常地如厕。

这天接孩子的时候，妈妈特地留下来，等全部小朋友都被接走后，与米米的老师进行了面谈。妈妈向老师详细询问了米米在幼儿园的情况，了解了在幼儿园里小朋友大便时是怎样的流程，老师是怎样教小朋友学习上厕所的技能的。妈妈还到幼儿园的洗手间里看了小朋友们上厕所的地方，在洗手间的墙上，有老师绘的几张图画，帮助小朋友们理解和记住上厕所的步骤。米米妈妈拿出手机把这些图画都拍了下来。

通过实地考察及与老师面谈，米米妈妈心中对米米不愿意在幼儿园便便的原因有了一些猜想。原来，米米从小在家中大便的时候，一直是使用小马桶式的儿童坐便器，而幼儿园厕所是蹲厕，米米还没有养成使用蹲厕的习惯，所以害怕在幼儿园上厕所。另外，米米还没有学会便后自己用厕纸擦屁股的方法，每次大便都需要成人的帮助，而有点害羞的米米不愿意去找老师帮忙擦屁屁，所以宁可憋着也不愿意在幼儿园大便。于是妈妈和老师一起商量了帮助米米在幼儿园如厕的办法，还查找了一些育儿书籍来学习。

妈妈首先在家里和米米玩角色扮演游戏，妈妈来扮演"小朋友"，米米来扮演"老师"。在"小朋友"和"老师"玩了一会儿后，"小朋友"忽然说："老师，我想拉便便。""老师"先是愣了一下，然后说："好呀。""小朋友"假装来到厕所，说："老师，你可以教我怎么拉便便吗？""老师"想了想，做了个蹲下来的动作。"小朋友"很高兴地说："哦！原来是这样，这么简单。谢谢老师！"然后，在游戏中又重复了几次这样的情节，后面两个人还把取厕纸、做擦屁股动作、提裤子、洗手等细节也表现了出来。

妈妈发现，米米蹲了一下就马上起来，于是妈妈和米米玩小矮人的游戏，慢慢培养米米学习蹲厕。在尝试的时候，米米一开始只是蹲一下就起来了，妈妈不断鼓励米米加长蹲下的时间，比如告诉米米"我们唱一遍《生日快乐歌》就起来"，再逐步加到唱两遍《生日快乐歌》。米米可以蹲的时间逐渐延长了。妈妈还手把手地教米米怎样把厕纸对折，怎么样从前往后擦屁屁。根据老师的建议，妈妈把两个气球扎在一起，模拟一个小屁股，让米米更直观地看到擦屁股的动作。当米米大便的时候，妈妈说："来，妈妈帮你擦第一次，米米自己来试着擦第二次。"只要米米愿意动手尝试，妈妈都立即给予鼓励和赞扬。妈妈还把老师画的如厕步骤图也打印了一份贴在家里，帮助米米熟悉与记忆。老师也经常和妈妈沟通米米的情况，鼓励米米尝试蹲厕。

慢慢地，米米对蹲厕没有那么抗拒了，在家里也逐渐学会了自己脱下裤子、便便后自己擦屁股、自己提好裤子、自己洗手。一个月后的一天，老师高兴地告诉妈妈，米米已经能够在幼儿园正常大小便了。

独立上厕所是孩子们进入幼儿园后必须要过的一关。目前许多家长没能有意识地培养孩子在3岁后独立如厕的习惯，觉得这是孩子长大以后自然而然就会的，有的小朋友甚至在上幼儿园后还包着纸尿裤去上学。循序渐进地培养孩子独立如厕的能力，还需要家长适当的引导。

>> 1. 米米不愿在幼儿园上厕所的原因分析

孩子不愿意在陌生的环境中上厕所是很常见的现象，出现这种现象既有外部原因也有内部原因。

首先来说说外部原因，对于孩子来说，在上幼儿园之前，家庭是他们最熟悉的、最能够给自己带来安全感的地方，他们可以大胆地表露自己的任何需求，可以坦然地寻求家长的帮助。案例中的米米刚刚上幼儿园，幼儿园对他来说就是一个比较陌生的环境，在陌生的环境中缺乏秩序感、安全感是人的本能，也会反映到米米的心理和身体反应中，所以不愿意在幼儿园上厕所就是米米的心理与身体对新环境的应激反应之一。

再来说说内部原因，孩子的心理活动倾向不同，有的孩子会比较注重别人对自己的看法，尤其是他们认为重要的人对自己的看法。对于米米而言，老师就是他认为重要的人之一，他希望能够在老师那里获得肯定，因此不愿意让老师知道自己不好的一方面。尤其是对于孩子而言，大小便这样比较私密的事情，如果不能独立完成，向家庭以外的成人寻求帮助，会让他们感到不安，难以启齿。"我拉便便臭臭的，我还要老师帮我擦屁屁，老师会不会不喜欢我呢？"如果处理不好很容易伤及孩子的自尊心。其实，能处理好自己的"尴尬"问题，成为一个能自理的人，不也是我们每个人自尊的起点吗？

>> 2. 采用符合3岁儿童心理特点的方法进行帮助引导

在案例中，米米妈妈的做法非常值得我们学习。当发现问题后，她没有对米米有任何的责怪和催促，而是及时与老师沟通，充分了解米米的实际情况，亲自到幼儿园查看环境，评估米米可能会遇到的困难，这些做法充分保护了米米的自尊心。

再看看米米妈妈采用的一系列方法：

（1）用游戏的方法与米米置换身份引入关于拉便便的话题，让米米在轻松愉悦的游戏氛围中展露出自己对在幼儿园如厕这件事情的认知。

（2）借助道具演示与实际操作来帮助米米学习擦屁股的方法，容易让米米感兴趣，获得形象直观的学习。

（3）在日常生活中给予米米动手尝试的机会，并从易到难循序渐进。练习蹲着拉便便需要一定的下肢力量，所以妈妈与米米玩小矮人的游戏，并逐步增加保持下蹲的时间。3岁的米米对时间长短并没有清晰的概念，妈妈就用唱《生日快乐歌》的方式来约定时间，米米就能很好地理解了。

米米妈妈的这些教育方法都符合3岁孩子的心理需求与年龄特点，易于米米理解和接受，米米也渐渐树立起了独立如厕的自信心，所以取得了明显的效果。

>> 3. 家校一致，保持良好沟通

此外，值得一提的是，米米妈妈始终与幼儿园老师保持着良好的沟通，米米在家中也能复习在幼儿园培养的习惯，米米的变化也能双方同时掌握，家校教育保持一致，让米米的教育取得了最佳的效果。

了解孩子

孩子进入3岁了，这一时期的孩子身心发展会有哪些变化？爸爸妈妈是否了解3～4岁的孩子有哪些年龄特点，而这些年龄特点又会怎样影响到孩子自我服务能力的发展呢？我们来聊一聊。

首先，3～4岁的孩子处于逐步摆脱自我中心，学习按指令行动的阶段。随着身体的长高、力量的增强，孩子的大肌肉动作逐步协调，但小肌肉的发育还不够完善，所以，在成人的指导下，他们可以逐渐学习

许多日常生活必需的简单生活技能，比如可以自己用勺子吃饭，会自己穿脱衣裤，会解会扣较容易操作的扣子，会穿不用系鞋带的鞋子，会自己洗手等。而且，这时的孩子好奇心强，探索欲望强，常常想尝试自己做一些事情，拒绝成人的帮忙。"我能，我会。""我要自己来。"但由于3岁孩子小肌肉发育还不完善、手眼协调性不强，常常会出现自己吃饭把饭菜撒得满桌都是，自己洗手把袖子全部搞湿等现象。如果家长代替他们完成了某个内容，孩子还会重新来过，因为孩子把做这些事情当成了游戏，乐此不疲。而当孩子能够独立完成一项生活技能的时候，他们往往会感到自豪和快乐。

其次，3岁孩子的思维水平处于具体形象阶段，他们对事物、现象的理解是通过直观的形象完成的。比如在我们告诉孩子用杯子喝水的时候，"要握住杯子的小耳朵"比"要扶稳杯子的把手"更能让孩子理解与记住，所以当家长告诉孩子要怎样做的时候，需要配合具体形象的方式来表述。

再次，3岁孩子的学习是在行动的过程中进行的，爱模仿是3岁孩子的突出特点，所以这个时期的孩子在生活自理技能的学习上也是以模仿为主要的学习方式，他们在游戏中学习、在实际操作与亲身体验中学习，通过模仿学习别人的经验，逐渐积累自己的生活经验，养成良好的行为习惯，所以家长的"身教"要更重于"言传"。

最后，3岁孩子的情绪变化快、起伏大，当孩子学会自己完成一项生活任务，获得赞扬，体验到成功感时，会开心得意；当孩子碰到困难，感到挫败时，可能又会立即感到难过或发脾气。我们常常看到孩子一会儿哈哈大笑，一会儿又转为泪水涟涟，所以，家长在引导孩子学习自我服务技能的时候要有足够的耐心，既要相信孩子有能力学习与进步，给予孩子支持和鼓励，又要了解孩子在学习的过程中不是一帆风顺、稳步向前的，有可能出现进展缓慢或短期倒退、反复的情况。

实施指南

了解孩子在学习生活自理方面的年龄特点后，接下来给家长们一些实施建议，让爸爸妈妈们在培养孩子自己的事情自己做的好习惯上能有更多的启发。

一、游戏儿歌齐上阵，形象有趣易理解

爸爸妈妈可以利用设置游戏情境的方法，让孩子对任务产生兴趣。比如孩子玩完玩具后可以与他一起玩"把玩具送回家"的游戏，给玩具架贴上各种玩具的标记，请孩子将每种玩具送到相应的位置上，每次玩完都将玩具归位。与孩子一起玩扣子钻洞洞的游戏，练习扣纽扣。还可以将生活技能的内容编成儿歌，一边唱一边让孩子练习。比如穿裤子，可编成儿歌："两座山洞前边站，两列火车向里钻，呜的一声开过去，两个车头又见面。"孩子往往就会很高兴地自己去尝试。还可以利用自我服务主题的绘本、故事、动画片等幼儿喜闻乐见的形式帮助幼儿理解为什么要学习自我服务的本领，为什么要养成良好的生活习惯。

二、具体操作多示范，生活当中常练习

家长在教孩子学习生活技能的时候，可以让孩子先观察成人的做法，由家长进行正确方法的亲身示范，如妈妈是怎么刷牙或穿袜子的，爸爸是怎样整理书柜的。关键是在示范的时候，要尽可能地展现具体的过程，可以慢一些，分成几个步骤充分展示。家长在一边做的时候，还可以一边用语言进行步骤的讲解，帮助孩子理解，还可以将大人做事的情况拍摄下来放给孩子看，这样他们的兴趣就会很高，了解大人是如何做事之后，再让他们自己学着做。

孩子对一件事情的兴趣保持的时间有限，常常在新鲜劲儿过去之后

就不感兴趣了。生活自理能力的学习与提高是需要多次反复练习的，爸爸妈妈可以在生活中多给孩子提供练习的机会，让孩子能在练习中获得发展，不断巩固学到的新本领。

三、因人而异减难度，循序渐进要注意

每个孩子的学习能力不一样，家长不要全套照搬其他家庭的教育方法，应该多了解、观察自己孩子的实际情况，当孩子的确难以达到时，可以减低生活任务的难度，让孩子能够尝到成功的"甜头"。比如让孩子自己背小书包时，穿过一边手后，较难在背后穿过另一只手。这时，可以把书包放到一张小桌子上靠近边缘的地方，背带向着孩子，让孩子背靠桌子穿过两只手，小书包就可以较容易地背上了。家长给孩子准备的衣服、鞋子等要简单实用，便于孩子自己穿脱，这样穿脱的难度才与这个年龄孩子的动作发展、肢体协调情况相匹配。

还要注意对孩子提的要求应该循序渐进，比如在培养孩子整理物品的习惯时，一开始当孩子玩完玩具就捡起来不乱扔并放回玩具箱的时候，就立即给予表扬鼓励。当孩子的行为能力掌握得比较牢固后，再提出更高的要求：把不同的玩具放到不同的玩具箱，这就是简单的分类整理了。

四、亲子互动多陪伴，适当协助解困难

孩子在学习自我服务的过程中是需要家长的互动与陪伴的。父母可以与孩子比赛，比一比谁做得好，做得快，如比比谁的床铺整理得好，谁的衣服穿得快等。在引导孩子自己穿袜子时，可以这样说："妈妈也要穿袜子，我们看看谁穿得更快一点，好不好？"尽量让着孩子一点，让他们觉得有赢的可能，过程中也别忘了给他们鼓励。这样可以激发孩子做事的兴趣及要把事情做好的愿望。

当孩子在学习自我服务的过程中遇到困难时，家长可以提供一定的启发与指导。比如，孩子之前能打开盖子，现在却打不开了，这时候家长可以尝试启发孩子："你想想之前是怎么打开的？""这个盖子跟

之前的不一样，你看是不是这里多了一个扣子？""你看看这个开关是做什么用的？"通过这样的表达，引发孩子自己打开盖子的兴趣。如果孩子实在做不到，可以先由家长做示范，打开之后再弄回原样，让孩子继续尝试，并及时地给予鼓励。反复几次，孩子就具备独立打开盖子的能力了。

当孩子不愿意自己完成，寻求他人的帮助时，家长也不要简单拒绝。寻求帮助和发展自理能力并不冲突。即便是在他人的协助下完成，孩子也是参与其中的，这也能够给他们正向的反馈，对激发信心有好处。或者还可以与孩子共同完成，家长帮助孩子穿好一边袖子，再鼓励孩子穿好另一边袖子。引导孩子与父母一起去完成一些孩子本身抗拒的事情，不仅培养了孩子的能力，也促进了孩子与父母之间的良好互动。

五、允许失败不指责，及时鼓励要跟上

孩子在尝试与学习自我服务的过程中，一定会经历多次的失败，有时会把事情搞砸，需要成人去收拾残局。家长往往会感到让孩子自己做比大人直接帮做还要麻烦得多。这时，需要的是家长管住自己的手，给予孩子更多的耐心，不因孩子做不好或做得慢而包办代替，应该等待孩子在反复地练习试错后获得成长。

当孩子学会了一项新本领，家长应立即给予鼓励，如一个激励的拥抱、一个赞扬的亲吻等，让孩子体验到成功的喜悦，建立独立做事情的自信心。在培养孩子良好的自理习惯时，孩子能够坚持经常去做的，比如每天自己穿脱衣服、整理玩具等，家长也要给予适当的激励，如能主动自己穿衣服的可以给他画一颗小星星，坚持画到10颗小星星的时候，可以奖励一些礼物，如图书、画笔等，促使孩子养成良好的习惯和认真做事的态度。

六、家园一致多沟通，同步培养效果好

在幼儿园里，老师会对孩子们有"自己的事情自己做"的要求，孩子也有"自己的事情自己做"的意识，如自己吃饭、接水喝水、如厕、

洗手、用小餐巾擦嘴、穿脱简单的衣裤、穿鞋、搬小椅子、背书包等。家长应该了解班级对孩子自我服务的要求是怎样的，并与老师保持良好的沟通，掌握孩子的自我服务能力水平情况，在家中也对孩子提出同样的要求。这样，孩子在家中的生活也同样得到练习，良好的行为得到巩固，形成家园同步的教育合力，才能获得更好的效果。

延伸拓展

一、推荐书目

> >> 1.《白开水真好喝》（著者：王艺，李瑞华，李金英；绘画：贝贝熊；出版单位：中国人口出版社）

推荐理由：帮助孩子了解喝水的重要性，会主动喝水，知道喝白开水对身体好，养成多喝白开水的好习惯。

> >> 2.《豆豆，别挑食》（著者：韩丽；绘画：书虫文化；出版单位：北方妇女儿童出版社）

推荐理由：该书通过讲故事让孩子理解挑食会给身体造成伤害，养成不挑食的好习惯。

> >> 3.《谁在厕所？》（著者：[英]珍妮·威利斯；绘画：[英]阿德里安·雷诺兹；出版单位：江苏凤凰少年儿童出版社）

推荐理由：有节奏的故事情节，通过让孩子猜测思考下一步的故事情节，促进孩子思维的发展，懂得从小讲卫生，饭前便后要洗手的道理。

> >> 4.《如果不洗手》（著者：黄小衡；绘画：棉花糖；出版单位：江西高校出版社）

推荐理由：故事幽默诙谐，通过描述故事主人公的行为及行为造成的后果，引发幼儿的思考，帮助孩子认识到坏习惯的危害。

> >> 5.《嘘，午安》（著者：陈梦敏；绘画：星星鱼；出版单位：北京科学技术出版社）

推荐理由：画面形象有趣，内容贴近幼儿生活，帮助孩子了解午睡是让身体得到放松和休息，养成良好的午睡习惯。

> >> 6."小熊宝宝绘本"系列（作者：［日］佐佐木洋子；出版单位：新世纪出版社）

推荐理由：简单的故事情节，可爱童趣的画面，贴近孩子生活实际的问题，帮助孩子学习日常生活中吃饭、如厕、排队、睡觉、洗脸等自理能力，养成生活好习惯。

二、推荐儿歌

进餐歌

吃饭时，坐端正，
左手扶着碗，右手拿小勺。
细细嚼，慢慢咽，
不挑菜，不剩饭，
自己吃饭真能干。

擦嘴巴

小手巾，四方方，
展开它，擦嘴巴。
一二三，左右擦，
嘴巴乐得笑哈哈。

穿外套

抓住小领子，商标向外面，
向后甩一甩，披在肩膀上，
小手钻山洞，衣服穿好了。

扣扣子

小扣子，圆溜溜，
好像眼睛找朋友。
小洞洞，忙招手，
欢迎扣子钻洞洞。

起床歌

小朋友，起床啦！
先穿衣服再穿裤，
穿好袜子把鞋拿。
左脚右脚要分清，
否则小脚要打架。

叠袜子

小袜子，对整齐，
点点头，弯弯腰。
张开袜子大嘴巴，
啊呜一口吃掉它，
我的袜子叠好了。

评估改进

一、自我评估

亲爱的家长，您好！看了这么多的案例，您自己在培养幼儿自我服务方面做得怎么样呢？试着回答下面的问题，看看有没有需要改进的地方。

1. 当孩子第一次对某项生活技能感兴趣时（如想自己穿衣服），您是怎样回应的？（　　　）

A. 没有什么回应。

B. 表扬孩子，然后帮孩子把衣服穿上。

C. 表示惊叹，立即给予表扬，鼓励孩子自己试一试。

2. 孩子在自己摸索尝试把衣服上的扣子扣上，已经过去 20 分钟了，还是没有成功，您会怎么做？（　　　）

A. 觉得要扣扣子的衣服还不适合孩子穿，以后给孩子买拉链衣服。

B. 看到孩子花了这么长时间摸索，还没有成功，心里感到着急，直接示范教孩子正确的方法。

C. 耐心等待孩子自己慢慢摸索，当孩子寻求帮助时再给予适当指导。

3. 孩子想尝试自己盛饭，却把饭撒得满地都是，您会怎么做？（　　　）

A. 批评孩子把饭撒得满地都是，一边收拾地上的饭，一边教育孩子不要浪费粮食。

B. 鼓励孩子自己盛饭的行为，告诉孩子现在还小，以后大了再做这些事情。

C. 鼓励孩子自己盛饭的行为，引导孩子观察成人盛饭的动作，找一找盛饭不撒出外面的方法。

4. 您是如何教孩子一项生活技能的？（　　　）

A. 讲给孩子听。

B. 放慢速度，耐心地示范给孩子看。

C. 通过游戏引起孩子的兴趣，再放慢速度，耐心地示范给孩子看，一边做一边用童趣的语言讲解要点。

5. 您的家庭成员对孩子自我服务的要求能保持一致吗？（　　　）

A. 有的家里人对孩子要求严格一些，有的家里人要求没那么严，帮孩子做得多一些。

B. 看心情，不一定。

C. 基本能保持一致。

6. 您了解孩子所在幼儿园班级当下对小朋友自我服务管理的要求吗？（　　）

A. 不了解。

B. 开学时好像听老师说过一点，具体不太清楚。

C. 比较了解，在家中也对孩子同样要求。

7. 当孩子不愿动手，说"我不会，妈妈帮"时，您会如何做？（　　）

A. 立即上前帮孩子做。

B. 告诉孩子要自己的事情自己做，等待孩子自己完成。

C. 鼓励孩子先自己试试，或与孩子一起做，观察孩子在哪个环节碰到困难，给予启发和支持。

8. 当孩子掌握了一项新的生活技能时，您是如何做的？（　　）

A. 觉得是理所当然的，不用大惊小怪。

B. 立即表扬孩子，指出还有哪些不足，希望孩子能做得更好。

C. 为孩子感到高兴，请孩子用新的本领帮助大家，或让他们负责新的任务。

9. 您发现自己的孩子在生活自理方面落后于其他同龄孩子时，会怎么样？（　　）

A. 把其他孩子的表现告诉自己的孩子，要孩子向别人学习。

B. 从来没有关注过其他孩子的自理能力表现，不知道。

C. 把这方面的内容编成一个小故事讲给孩子听，在生活中有意识地给予孩子更多的锻炼机会。

10. 您要求孩子做的自我服务与良好生活习惯，自己都做到了吗？（　　）

A. 孩子需要教育才能全面发展、健康成长，我们大人的生活习惯已经定型了，做不到就算了。

B.当着孩子的面我尽量做到，有时没注意就做不到。

C.能做到。

【评估参考】

1.选择A的家长，忽略了孩子的探究愿望与跃跃欲试的心情，孩子没有得到及时的回馈，积极性容易受到打击。

选择B的家长，能够给予孩子正面的反馈，但没有利用好时机给孩子练习的机会，可能过一会儿，孩子的注意力就转移到其他事情了，错过了动手尝试的机会。

选择C的家长，能够捕捉到孩子动手探究的兴趣点，抓住时机鼓励孩子尝试、体验。家长用夸张的表情与语气赞赏孩子，会让孩子更开心、印象更深刻而获得愉悦的体验。孩子只有迈出第一步时得到家长的正面反馈，才会更有信心去学习生活自理的新本领。

2.选择A的家长，没有意识到孩子探究学习生活技能的重要意义，对孩子的关注仅仅停留在"吃饱穿暖"层面的生理需求上，而不是孩子的长远发展上。

选择B的家长，愿意提供机会给孩子进行探索和练习，但耐心还不够。如果直接把正确答案告诉孩子，孩子可能在这次探究中能比较快地掌握扣扣子的技能，但是失去了自己挑战成功的机会。有可能在以后其他的探究学习中，会更轻易地放弃自主探索，等待成人的示范。

选择C的家长，能了解孩子的心理特点，尊重孩子学习的节奏，珍视孩子独立解决问题的机会。放手给孩子在实际操作中学习，但不是放任不管，当孩子需要帮助时又能为他们提供一定的支持，这是好的做法。

3.选择A的家长，看到的是饭撒在了地上，而没有看到孩子在努力地学习。孩子并不是故意浪费粮食，只是相应的能力和经验还不足。孩子尝试生活自理还不够成功的时候，家长不应责怪孩子，这样只会伤害孩子今后学习的主动性和积极性。

选择B的家长，能够以平和的心态面对孩子的失败，避免了孩子的积极性受到打击，但没有给孩子更多的支持与学习的启发。

选择C的家长不仅有对孩子试错的宽容，还能启发引导孩子在实践中观察学习，寻找改进的方法。比如盛饭不撒在地上的方法可能有：眼睛看着手，动作慢一些；把碗和锅贴近一些；不要盛得太满等。而这样的启发引导，除了能帮助孩子掌握盛饭这个本领，还能让孩子获得一种学习的方法，可以迁移运用到今后的学习当中，有利于孩子的长远发展。

4.选择A的家长忽视了3岁儿童的学习方式，不容易引起孩子的学习兴趣，学习效果也不够好。

选择B的家长能以较具体直观的方法帮助孩子学习，但不够吸引孩子。

选择C的家长能考虑到孩子的年龄特点，以孩子喜爱、乐于接受的方式帮助孩子学习，能收到更好的学习效果。

5.选择A的家长，容易让孩子处在一个要求不一致的教育环境中，不利于孩子自理能力的发展，也不利于孩子培养良好的生活习惯。

选择B的家长，对孩子的教育要求没有连贯性，也不利于孩子学习生活自理并不断巩固提高自理能力。

选择C的家长，你们的孩子能够在一个要求保持一致的家庭环境中生活学习，更有利于孩子提高自理能力和养成良好的生活习惯。

6.选择A的家长，没有关注过幼儿园老师对孩子提出了哪些自我服务的要求，也就不能在家里进行相应的配合与指导。缺少家长的配合和指导容易导致孩子在幼儿园和家中表现不一样。

选择B的家长，有关注到一些幼儿园的要求，但不知道如何利用这方面的信息更好地促进孩子的发展。

选择C的家长能关注幼儿园的要求并在家中保持一致的要求，孩子在家里也同样得到练习的机会，良好的行为得到巩固。

7.选择A的家长，没有将孩子自己动手做当成学习成长的机会，对孩子有求必应，容易使孩子产生依赖性。

选择B的家长，虽然让孩子自己动手，但没有给予相应的支持，容易使孩子产生疏离感，让孩子误解，感到爸爸妈妈不爱我了，从而更希望寻求家长的帮忙，以此获得亲近的互动机会。

选择 C 的家长既能把握机会鼓励孩子自己尝试，又能与孩子保持着情感的连接，没有让孩子失去安全感，同时在孩子遇到困难时，给予孩子启发和支持，更好地帮助孩子成长。

8. 选择 A 的家长，没有把握孩子的心理，掌握一项新的生活技能虽然对成人来说可能只是很小的一件事情，但对孩子来说可能是他们经过很大的努力才获得的成功。孩子没有得到正向的反馈将导致学习自理能力的积极性下降。

选择 B 的家长，能够给予孩子正向的回应，但是有点心急了，孩子刚刚掌握一项新本领，做得不够完善是必然的，在表扬的时候就应该全身心地好好表扬，让孩子感受到成功的自豪与得到肯定的喜悦，家长不要在表扬的时候加上"但是……""如果……就……"，这时孩子不但听不进家长的建议，而且感受到的喜悦也会大打折扣。

选择 C 的家长能让孩子感到爸爸妈妈也和他一样高兴，真正地获得自豪感与自信心，愿意去承担更多的任务，并在完成新任务和帮助他人的过程中不断巩固所掌握的新本领，越做越好。

9. 选择 A 的家长，其实无意中将自己孩子与其他孩子进行比较，在描述其他孩子时难免会用上赞赏的表情和语气，虽然表面上是鼓励孩子学习别人，但是孩子仍然能够感觉到家长对自己的失望。

选择 B 的家长，没有关注过其他同龄孩子在自理能力上的表现，也就是说，对这个年龄段的孩子普遍的自理能力水平没有概念，不知道自己的孩子发展是好还是不好，也就不能有目的地帮助孩子进行学习提高。

选择 C 的家长能够基本了解这一年龄段孩子普遍的自理能力水平，同时能采用形象有趣的方式提醒孩子，给予孩子有针对性的帮助。

10. 选择 A 的家长，没有重视"身教"的作用，孩子喜欢模仿身边的人，如果我们成人说一套做一套，孩子很难理解为什么要这样做而对教育产生怀疑。

选择 B 的家长，有给孩子做榜样的意识，但缺乏内在的自律要求，不能长期坚持，孩子也能够感受到。

选择 C 的家长能成为孩子学习的榜样，并有利于孩子在生活中保持良好的生活习惯。

二、改进计划

阅读了本专题，相信您对培养孩子的自我服务意识和能力有了一定的了解。请您根据本专题内容，针对过去所做的不足之处，提出未来的改进计划。

第三专题　　动静结合促协调

　　小班孩子处于身体迅速发展的时期，他们的骨骼肌肉迅速发展，大脑调节控制能力不断增强，也开始有较多独立的机会通过身体的感官对周围的人、环境和事物进行探索，建立起对世界最初的理解。由于动作发展的需要和与生俱来的好奇心，小班孩子显得特别好动，并且在动作发展方面已经表现出明显的个体差异。而这些差异与他们的先天身体素质、性别、个性及早期教养环境等因素有关。

　　在现实生活中，我们发现有的家长存在两种误区，一种是只关注孩子在身高、体重等方面的身体发育状况和孩子智力的开发，限制孩子与外界接触机会和活动范围、运动机会，把智力发展与动作发展截然割裂；另一种是过于重视孩子运动项目的训练，误解了"体育要从娃娃抓起"的实质，在孩子走、跑、跳等基本动作还没有发展平稳时就带孩子去参加诸如足球、篮球等训练班，无视孩子身体发育的特点和规律，给孩子的身心造成了一定的伤害。

　　要想走出误区，必须改变观念。家长要在给孩子提供满足其生长发育所需要的均衡合理的营养的基础上，关注孩子动作的发展，积极转变观念，学习有关孩子动作发展规律和特点的知识，通过积极有效的教养策略促进孩子动作与智力的协调发展。

案例分析

案例一 家长过分紧张，孩子发展失调

明明正在上幼儿园小班，是家中的二孩，他有一个姐姐。由于父母都是职工，工作繁忙，姐弟俩的日常生活主要由外公外婆照顾与管理。

明明上幼儿园半年后，老师通过日常观察，发现他很乖，表现为在小朋友做游戏时，他站在一旁看，有人跑到他跟前时，他就会往后躲；在户外活动时，他要么站在一旁看别人玩，要么就自己一个人玩，跑、跳等运动类的活动，他一般都不参与。

刚开始时，老师以为是明明的性格内向，加上刚入园存在分离焦虑所致。开学 3 个月后，老师发现明明每天来园的情绪都比较稳定，吃饭、睡觉也都正常。老师给小朋友讲故事、和小朋友唱歌时，他也很高兴地参与，但一到运动或者户外自主游戏时间，他就会安静地坐在老师旁边玩玩具。小班的孩子喜欢奔跑、追逐，老师鼓励明明也一起参加，小朋友们也会邀请他，但他总会拒绝："我外公说不能跑。""我外公说跑了会摔跤。""如果看到旁边有人在跑，就要躲得远远的。"

老师还观察到明明上下楼梯时还需要扶着栏杆，一级一级小心翼翼地走；在排队一个跟着一个走时，经常控制不了自己的身体踩着前边的同伴；做操时有一个"抓小鱼"的游戏，由于他不会躲闪，经常被别的小朋友碰到……这些经历都让明明更加害怕和小朋友一起游戏。

孩子要健康成长需要全面发展，身体、智力、心理各方面都要重视。孩子的动作发展是心理发展与智力发展的基础，也是孩子学会必要的生存技能的前提。看到这些情况，老师开始和明明的家长沟通。老师通过沟通得知，明明的外公外婆在带两个孩子时，由于害怕孩子被磕到、碰到而受到伤害，因此一般都不让明明和姐姐做带有运动性质的游戏。在家里时，两个孩子只能安静地玩玩具或看电视、看书，不能打闹，家里凡是稍有尖锐的物品都要藏起来，连爸爸画图用的铅笔都不能给孩子碰

到，家里的沙发是软的，桌角和墙角都包着防撞条……

在户外活动时，外公外婆是不允许孩子奔跑的，哪怕在宽阔的广场也只能慢慢走，只要孩子一跑起来，就会招来外公外婆的呵斥，甚至会被惩罚静坐。家里没有一件是关于体育活动的，连平常孩子家中常见的脚踏车都没有。外公给出的理由是，长到了18岁再学骑车，现在骑车会出危险。一年四季，两个孩子的身上都垫着毛巾，孩子一出汗老人就很紧张。老人最引以为傲的是：我们家的孩子坐着玩都可以玩两三个小时。明明的爸爸妈妈也从不带着姐弟俩参加幼儿园组织的亲子游戏，每次拒绝的理由都是："一起游戏的人太多，难免会碰着，孩子受伤的概率大。"在这样的"呵护"之下，明明的姐姐上幼儿园后经常在户外运动中受伤，跑步摔倒不会保护自己，经常脸先着地；姐弟俩自从上幼儿园后经常因感冒发烧等疾病而请假。就这样，明明的外公和外婆经常责备老师没有看管好和照顾好孩子。明明的外公向幼儿园明确表示，在幼儿园里让不让孩子学知识、锻炼身体都不重要，重要的是不要让孩子受到一点点伤害，不要让孩子生病。

>>>1. 不科学的陪伴方式，剥夺了孩子锻炼的机会

现在很多年轻的家长由于忙于事业，把孩子的看管和照顾任务移交给了祖辈。祖辈认为照顾孩子责任重大，不能让孩子受到一点点皮肉之伤，否则无法交代。特别是进入三孩时代，祖辈的责任就更大了，有的祖辈既要照顾孩子们，又要买菜做饭，造成他们形成"只要让孩子吃好、睡好，不出事就是最好的"带娃的心理。同时，也有很多独立带娃的年轻家长，他们正处于事业上升的重要时期，既要照顾、教育自己的孩子，又要兼顾自己事业的发展。有些家长上班后很疲惫，下班回到家他们不愿意再花时间陪孩子一起运动，于是这些家长就会让孩子自己玩玩具，看电视或手机，他们认为只要孩子不影响到自己就行。好不容易到了双休日，这些平时忙碌的家长会用睡一个长长的懒觉或者躺在家里看手机、玩电脑来弥补平时休息的不足。

还有一种家长，第一次做父母，他们过度关注孩子，恨不得把自己所有的爱都倾注到孩子身上，很多事情都舍不得让孩子自己做，同时他们会非常重视孩子的智力发育，表现为只要一有时间就带孩子上各种早

教班。

在现实生活中，我们还看到随着人们生活水平的不断提高和城市公共设施的不断完善，孩子一出门就乘车、上下楼有电梯等，部分小班的孩子在上幼儿园时，家长不但帮孩子背书包、拿水杯，有的还抱着、背着孩子进到教室。对教师提出孩子要自己背书包进园的要求，这些家长认为孩子还小，书包太重了会影响身体发育，自己有的是力气，孩子想要自己抱和背是因为孩子需要自己。

> >> **2. 极度担忧造成过度的保护，抑制了孩子运动能力的发展**

无论是在家里还是在幼儿园，很多家长对孩子在运动时的安全表现出极度的紧张和担忧，他们会从安全的角度出发，阻止孩子做一些本来就适合孩子发展水平的动作和活动。我们经常会听到孩子说："妈妈说这个很危险不能玩，等我长大了才能玩。""妈妈说从梯子上跳下来会摔断腿的，不能玩。"

在这样的教养下，看似家长给孩子营造了一个没有伤害、没有危险的世界，实际上这些家庭的孩子却失去了到户外活动的机会，失去了用动作探究自己身体、探究周围事物的机会。由于运动不足，有些孩子动作发育迟缓，在 3～4 岁阶段表现尤为突出的是大肌肉动作不协调。这些孩子的下肢力量不足，躲闪能力较差，不知道在活动中怎样保护自己，走路容易摔跤或经常与物体碰撞，感冒发烧成了家常便饭。孩子长期缺乏运动还会带来体质下降、肥胖、基本运动能力发展不足、感觉系统发育迟缓、神经系统发展迟缓、心理脆弱等一系列问题。其实家长给孩子营造一个没有伤害、没有危险的世界不是爱，而是把自以为"为你好"的思想强加给孩子，继而演变成一种过度的保护。

众所周知，活泼好动是 3～4 岁孩子的主要特征，他们渴望融入集体生活，很喜欢与同伴一起做游戏和运动。如果这个阶段成人控制他们的活动范围，阻止他们释放天性，势必会影响到他们动作的发展。动作的协调性对于孩子接触未知世界、认知周围事物、参与人际交往、适应幼儿园生活等具有非常重要的意义，孩子的动作发展水平还直接影响其以后智力的发展水平，有的甚至可能影响其个性发展。

从案例中我们可以看到，家长的过度保护已经影响了明明的个性。

本来活泼好动的孩子，由于家长教育观念的偏差，被剥夺了运动的机会，变得不能自信地参加集体活动，这无形之中减少了孩子身体运动的机会。久坐不动和缺乏多样性的运动，还直接降低了部分孩子身体的灵活性，这些孩子在与同伴游戏时极易受到伤害。

亲子游戏是每个孩子都渴望的，也是每一位家长对孩子应尽的义务。亲子游戏不仅可以促进孩子与家长之间的互动，增进亲子间的情感交融，还可以让家长在更自然的条件下观察孩子，获得对孩子能力发展情况更真实的认识。案例中明明爸爸妈妈的过度保护，让其和孩子同样丧失了亲情交流、共同发展的机会。

如今很多孩子在动作发展上存在问题，其主要原因是家长过于重视孩子的智力发展，使得孩子"脑力劳动"过多。又因为家长对孩子过度保护，怕孩子磕着、碰着，不给孩子提供一些适宜的运动机会。应当注意的是，孩子在活动中稍微受点小伤，不必大惊小怪，这是孩子成长过程中必须付出的代价，而运动中的小伤会增加孩子的生活经验、提高孩子的运动能力。如果家长认为体能活动是冒险而不鼓励孩子进行体能活动，就会抑制孩子运动能力的发展甚至是智力的发展。

综上所述，正是因为家长缺乏对孩子身体运动价值的足够认识，较少关注孩子的身体运动和动作能力的发展，所以对孩子采取过度的保护，从而让孩子失去通过身体运动提升体质，促进动作协调发展和认知发展的机会。

案例二　"随意"遛娃的妈和"刻意"练娃的爸

4岁的浩浩生活在一个有16栋商品房的小区里，小区里有一群跟他年龄相仿的孩子，大多数孩子日常生活主要由妈妈、奶奶或保姆负责。小区里有一个花园，这里就成了小区居民遛娃的集中点。

每天放学后或者周末的上午、傍晚，浩浩的妈妈喜欢带孩子到花园里散步，这是浩浩最快乐的时间。他可以自由地坐在花园的沙池里玩沙子和石头，也可以捡树叶和树枝来玩，还可以和小伙伴一起玩玩具，有时候遇到大一点的哥哥姐姐，还有人带着他一起做游戏。浩浩在玩的时候，也是浩浩妈妈最轻松的时候，如果是她独自一人，她就会掏出手机，或玩游戏，或追剧，或发微信聊天。如果遇到旁边有人，她就会和别人聊天。这时一定是小区里的妈妈、奶奶和保姆们扎堆聊天的好时光，她们会聚在一起谈谈东家长、西家短，秀秀自己的美甲或新买的衣服。当然了，关于孩子的喂养一定是她们的重点话题，如何通过改善饮食增加孩子的体重是她们最津津乐道的内容。但是她们不太会和孩子一起游戏，只是在谈论之余偶尔看一下自己的孩子，发现孩子跑得稍微有点远时，就会大吼一声："别跑远了，回来！"孩子摔跤或者碰撞时，她们会拉着各自的孩子进行一轮批评，接着又投入热闹的聊天世界了。

有时候浩浩妈妈心情不好或者不想出门，他们就会在家待上一整天。在家里，妈妈不是做家务，就是做美容，或是看手机追剧，她极少陪伴浩浩一起阅读和游戏，经常让浩浩一个人看电视、玩玩具、听故事音频。只有在吃饭、睡觉和洗漱时妈妈才有空照顾孩子，一家人从来没有在一起做过游戏。浩浩妈妈经常说："哪有时间陪孩子玩啊，给他吃饱、睡够，只要不出事就好了。""我们这叫放养，叫静待花开。"

而浩浩爸爸在某一天看到一个足球训练机构的宣传广告后，回到家兴致勃勃地跟浩浩妈妈商量，要把浩浩送到所谓的足球兴趣班去学习，说要把浩浩培养成世界冠军。浩浩妈妈被说服了。于是，在没有征求孩子意见的情况下，他们把孩子送到了足球兴趣班。每天幼儿园放学后，浩浩就被送到兴趣班去学习踢球一小时，周六再去训练半天。这个兴趣班为了博取家长的欢心，以非常专业的训练让孩子长时间练球。4岁的浩浩对于上这个兴趣班是非常反感的，回到家后经常哭着喊着："我不去上足球班，我不去上足球班！"可无论孩子怎么哭闹，浩浩的爸爸都觉得孩子不懂事、不能吃苦，每次都是拖着拉着孩子去上课。身边的朋友劝过他，浩浩爸爸不但不听，还时常跟别的家长炫耀："看我们家浩浩多厉害，4岁就去练足球了，现在都开始打比赛了，将来一定能成为世界冠军。"还说什么4岁开始练足球是最佳时期，可以改善孩子的呼吸系统，增大肺活量，增加腿部肌肉力量，强化腿部骨骼生长等。

>> 1. 完全放手，陪伴的质量低

浩浩的爸爸妈妈的做法反映了现实生活中部分家长的带娃态度和方式。我们先来说一说浩浩的妈妈。浩浩妈妈代表了很多带娃的妈妈、奶奶和保姆，她们通常会认为，放手让孩子自己成长是最好的教育。她们的教养观念就是三四岁的孩子吃好、睡好，不生病、不出事就是最好的，在这个阶段她们会关注孩子的身高、体重，但不太注意孩子的动作发展。"孩子现在还小，再长大一点自然会好的"，这是她们看到孩子动作发展出现问题时的想法。但是殊不知正是这样的想法，使孩子错过了动作发展的关键期。

常常听到这样的比喻："每个孩子都是一朵花，只是花期不同，绽放的时间也不同，我们要做的就是静待花开。"然而，很多父母没有真正理解这句话的意思。他们只看到了"静待花开"，却忽略了"默默耕耘"。教育孩子如同种庄稼，如果农民伯伯任庄稼自由生长，而没有半点干预，那么怕是会颗粒无收。相反地，如果在适当的时候对庄稼浇水、施肥，那么才能在收获的季节获得大丰收。家长应该鼓励孩子自由探索这个世界，但同时需要用心陪伴他们，不要将自己的"偷懒"当作给孩子自由的借口，"静待花开"的前一句应该是"用心浇灌"。

浩浩妈妈这样的家长，让孩子在一种宽松的环境中成长，这是做得好的地方。但希望家长在放手的同时也要关注孩子的行为和动作的发展，合理安排孩子在家的一日作息时间。无论在室内还是走到户外，不要总以自己的感受为中心，多抽出时间陪伴孩子，一起玩游戏、玩玩具和阅读，给他们有质量的陪伴。在户外活动时教孩子保护自己的知识和技巧，促进孩子身心协调发展。

>> 2. 不科学的训练，造成身心伤害

"足球从娃娃抓起"这句话固然没有错，但浩浩的爸爸显然误解了这句话的意思。从人类整体发展的视角看，儿童期是基本运动能力形成和发展的高峰期和敏感期；大多数个体能在 8 岁时完全掌握走、跑、跳等大多数基础性运动能力，且在日后很长一段时间内保持相对稳定的水准，并满足日常简单身体动作行为的需要。在幼儿园阶段让孩子太早学习一些球类技能，尤其是达到竞赛水平，是不符合孩子运动发展的基本

特点的。4岁孩子的身体结构和器官功能有所加强，骨骼更加坚硬，但骨化过程还未完成，容易变形，他们能自然地走、跑、跳、学骑三轮车、玩球等，但控制能力还很弱。因此，幼儿时期不适合进行专业的体育训练。家长不能以牺牲孩子健康为代价来满足自己的虚荣心，要采取符合孩子身心发展规律和特点的方式保证孩子健康成长，拒绝让孩子参加一切有损孩子身体的竞技类体育运动的训练。

从此案例中我们得出以下启示：家长在加强幼儿饮食营养的同时，还必须关注他们的身心是否协调发展，多学习一些有关孩子生长发育的知识，学会观察、感受孩子的需要和发现他们的兴趣，并能在日常生活中通过走、跑、跳、爬、钻、投掷、平衡等基本动作的游戏活动来发展他们的基本动作，培养体育活动的兴趣。家长要摒弃互相攀比的心态，提供给孩子的运动内容，一定要符合他们的身心发展规律和动作发展水平，因为只有适宜的活动才能真正提高他们的活动能力，促进他们的骨骼、肌肉、心肺等器官的生长与发育，进而达到增强体质的目的。

〉 〉〉3. 动静交替，促进身心协调发展

动静交替地安排孩子的一日生活，也是家长们要注意遵循的一个家庭生活安排原则。一日生活如果安静活动过多，则容易导致神经细胞的疲劳；而如果身体运动过多（表现为身体练习间隔时间过短，运动时间过长），则容易发生机体过度疲劳的情况，影响恢复的效果。因此，像浩浩爸爸妈妈这样两个极端的做法不仅不利于保护孩子的身心健康，也不利于孩子身体的生长发育。

综上所述，家长要想养出一个生长发育良好、身心协调发展的孩子，需要投入大量的时间以及更多的耐心和精力去了解孩子的发展规律，并尊重孩子的发展规律，在适当的时候对孩子进行引导，寓教于乐，在尊重孩子的基础上给予他们高质量的陪伴。若家长能用心陪伴孩子成长，那么生活带给他们和孩子的将是更多的美好。

案例三 动静结合相得益彰，幼儿整体协调发展

　　小班的力力活泼可爱，喜欢和小伙伴做游戏，经常保持愉快的情绪，对伙伴和老师亲近友好，能够清楚表达自己的想法和需求。力力在刚上幼儿园不久就适应了新的集体生活，睡眠、饮食都不用老师操心，在入园的一个学期里极少因生病而请假。因此，他不但在身高、体重的发育方面优于同龄的小伙伴，而且身体平衡和协调能力在班上也是最好的，用老师的话来形容："力力就像一匹健壮的小马。"

　　家长们都很羡慕力力的爸爸妈妈，纷纷向力力的爸爸妈妈取经学习。力力的爸爸告诉大家："家长不仅要关注孩子的营养，还要关注孩子的动作发展，重视动作发展与智力发展的关系，做到合理的动静结合，室内和户外活动相结合。"

　　第一，力力的家长很重视孩子作息习惯的培养。他们认识到孩子不能按时休息往往会影响孩子的睡眠，而睡眠是人体恢复精力和体力的必要条件，是人生命活动的一个重要组成部分。对孩子来说，养成按时睡觉、早睡早起的习惯就能够保证孩子有充足的睡眠。孩子处于生长发育期，需要充足而有规律的休息来保证他们身体的健康成长，以充沛的精力、饱满的精神投入学习与生活中去。拥有健康的体魄，孩子才能更好地集中注意力去学习知识、提高自身素质。因此，在力力家中，按时作息、合理安排室内外活动成了一条固定的家规。

　　第二，力力的家长通过阅读科学育儿的书籍提高自己对孩子的认识，能够在百忙之中抽出时间陪着孩子外出运动和锻炼。为了让孩子喜欢上运动，力力的爸爸妈妈经常带着孩子去体育场和公园看别人运动和比赛，经常陪孩子看电视播放的球类、游泳、溜冰等体育节目。他们还注意观察力力对哪些运动感兴趣，比如力力对踢球感兴趣，他们就带力力到操场上踢小皮球。周末，全家一起到户外散步、放风筝。最重要的是家长从不当着孩子的面长时间看电视和打游戏，从不在与孩子一起活动的时候玩手机而让孩子独自或者和别的小伙伴一起玩耍。他们会和孩

子一起做游戏、一起奔跑，在运动场骑车时，力力爸爸骑自行车，力力骑自己的脚踏车，父子俩经常一起比赛。爱好打篮球的力力爸爸，还经常带着力力到球场上玩，父子俩或一起踢球，或一起抛接球，其乐融融。力力的家长还鼓励力力和同伴以及年纪比自己大的哥哥姐姐一起玩游戏，让力力在玩游戏中通过模仿同伴和哥哥姐姐获得更多动作发展的新经验，从而获得更多的成功体验，进一步激发对运动的兴趣。

第三，力力的爸爸妈妈坚持动静交替、室内外交替的教育原则。"保证孩子每天有两个小时的户外活动时间，保证一个小时的运动时间，这不仅是幼儿园要做到，而且在家里家长也要这么做，这样才有益于孩子身体健康生长发育。"力力爸爸如是说。双休日或者节假日，力力的爸爸妈妈就会和孩子一起做好一天的计划，一家人从来不会打破家规睡懒觉。力力家所在的社区有一个中心花园，在工作较忙碌的时间，力力的爸爸妈妈也会在上午和下午带力力到花园活动各一个小时。在每一次运动之前，力力爸爸都会让孩子做足准备活动，运动之后引导孩子做整理运动，并调整好运动间隙的休息节奏。力力爸爸虽然精力充沛，但他很注意与力力一起运动的度，他会用心观察孩子的运动量，每当孩子脸色出现微微潮红、身体微微出汗时，他就会提醒孩子休息和补充水分。在家里，力力的爸爸妈妈除了尊重孩子的选择，给予孩子自由玩玩具的时间和机会，还抽出时间轮流和孩子一起阅读绘本，给孩子讲故事，和孩子玩适宜的智力游戏。

第四，力力的妈妈充分利用生活中的废弃物为孩子制作玩法多样的体育器械。力力的妈妈平时很注意收集家里废弃的易拉罐、纸盘、纸杯、布头、矿泉水瓶，并用这些材料给力力制作了一些体育活动器材，如用不同型号的易拉罐制作不同的"高跷"，让力力在家里练习走"高跷"，锻炼他的平衡能力；在易拉罐里装上沙子做成"哑铃"，给力力练习上臂力量；把矿泉水瓶摆成"保龄球阵"，让力力结合废报纸做的纸球玩保龄球的游戏；用废布头编成辫子状，全家一起用其来玩"揪尾巴"的游戏……总之，力力的妈妈总能为力力制作出一些既安全卫生又环保的绿色体育器材，大大激发了力力参加活动的兴趣。力力一家经常在家里开展各种亲子运动游戏，特别是在新冠肺炎疫情居家时期，他们一家人在家里每天都坚持运动。力力的爸爸设计了很多新颖有趣的亲子游戏，比如春节到来时，父子俩把床单披在身上，拿上锅盖，玩舞龙游戏；爸爸和妈妈将手架起来，让力力坐上去，一家人玩抬花轿游戏；在家里拉起一张网，用一根羽毛进行吹羽毛比赛等。

>>> 1. 理论和实践相结合，营造良好的家庭氛围

力力的爸爸妈妈是比较懂得教育的家长。作为年轻的父母，他们能够认真地学习有关孩子生长发育的知识，并灵活地、创造性地运用到实际生活中。在具体的育儿过程中，有很多家长认为体育是幼儿园的教育任务，自己可以撒手不管了，教孩子是幼儿园的任务，自己只要管好吃饭、睡觉就好了。在这方面，力力的家长做出了很好的示范。

我国教育部颁布的《3～6岁儿童学习与发展指南》提出："利用多种活动发展身体平衡和协调能力。如：走平衡木，或沿着地面直线、田埂行走。""玩跳房子、踢毽子……""开展丰富多样、适合幼儿年龄特点的各种身体活动，如走、跑、跳、攀、爬等，鼓励幼儿坚持下来，不怕累。""为幼儿准备多种体育活动材料，鼓励他选择自己喜欢的材料开展活动。"力力的爸爸妈妈就做得非常好，他们能够意识到开展丰富多样、适合于孩子的体育活动是增强孩子体质、增进孩子健康的积极手段和重要途径。他们善于利用周围的生活环境和生活中的废弃物为孩子创造运动的机会、制作环保的体育运动器材，这些做法不仅有益于培养孩子对体育运动的兴趣，增强孩子的体质，还营造了良好、健康的家庭氛围。

>>> 2. 合理安排家庭生活，激发孩子参加运动的兴趣

力力的家长在激发孩子运动兴趣方面也很科学和合理。《3～6岁儿童学习与发展指南》告诉我们，孩子体育运动兴趣的激发、基本动作的发展以及身体素质的提高，都是在身体运动的过程中获得的。要增强孩子的体质，关键就是要为孩子提供尽可能多的身体运动的机会，吸引孩子参与其中，鼓励和支持孩子主动练习和体验。只有充分地了解孩子、尊重孩子，使其发挥应有的主体性，孩子才有可能积极、主动、创造性地参加活动。力力的爸爸妈妈为了激发孩子的运动兴趣，积极开动脑筋带领孩子开展多样的体育活动，在丰富孩子生活的同时提升家庭生活的品质。同时，他们还能注意动静结合，既让孩子得到足够和有质量的休

息时间，又保证了孩子每天一个小时适宜运动量的户外活动时间。

〉〉〉3. 借助榜样的力量，鼓励孩子学习

3～4岁的孩子喜欢模仿，这是他们学习的主要方式之一。榜样是孩子身心发展中不可或缺的学习来源。在自由宽松的氛围下，孩子可以充分发现自我、表现自我、肯定自我，心理感受积极而愉悦。力力的家长能够抓住孩子善于模仿学习这一特点，鼓励孩子多接触同伴或比自己年长的哥哥姐姐，为孩子提供分享经验、互相模仿、学习的机会，有助于孩子知识的扩展和能力的提升。

综上所述，成人的观念及教育方式关系到孩子身体发育、动作发展和智力发展的成效，就其本质而言关系到孩子的整体发展。因此，家长应当因地制宜为孩子提供丰富多样的运动器械，放手、放心鼓励孩子积极探索、大胆尝试；开展丰富多样的亲子体育活动，鼓励孩子与同伴快乐游戏；利用生活周围的环境资源开展多样的适宜孩子的体育活动，丰富孩子的业余生活；注重动静结合和室内外交替，陪伴孩子一起阅读、开展有益的智力游戏，促进孩子整体协调发展，同时也能使家长自身受益。

了解孩子

一、3～4岁孩子身体素质发展的特点

运动除了身体内部细胞、系统的自发运动，还有身体的外部运动，由走、跑、跳、攀、爬、推、拉、投以及操作等基本动作组成。基本动作的熟练产生动作技能，多种动作技能的综合实践产生运动能力，运动能力的强弱表现在对肌肉的控制力、身体的平衡力、动作的协调力等方面，运动能力越强，生命力越旺盛，适应能力也就越强。

身体素质反映了人体在身体运动中的技能水平，例如平衡能力、协调能力和灵敏性反映了神经系统对肌肉活动的控制和调节能力。人体要

运动，首先需要在保持身体平衡的状态下进行，否则就会摔倒。可以说，平衡能力是完成各种身体动作的前提，也是实现自我保护最基本的能力。发展孩子的平衡能力，有助于孩子让身体保持在平稳、安全的状态下进行各种活动。

孩子要较好地完成各种大肌肉动作，还需要具备一定的协调能力和灵敏性。例如，孩子在跑步时需要上、下肢的协调，而要在跑动的过程中躲避他人或障碍物，则需要快速调整自己的身体姿势和位置，这与身体的灵敏性直接关联。

幼儿阶段是孩子平衡能力、协调能力和灵敏性发展的重要时期，这些身体素质获得一定的发展，能促进幼儿神经系统和脑功能的完善，也是今后学习更多、更复杂动作技能的基础。

力量是身体运动的基础。没有下肢部位的肌肉力量，孩子就无法站立、行走，更无法做跑、跳等动作；没有上肢部位的肌肉力量，孩子也无法做推、拉、搬运、攀登等动作。

耐力是一个人进行身体运动以及更好地适应社会生活所需具备的身体素质。根据孩子的年龄特点，幼儿阶段需要发展的是有氧耐力。

由此可见，平衡能力、协调能力、灵敏性、力量和耐力都是最基本的身体素质。

《3～6岁儿童学习与发展指南》指出："健康是指人在身体、心理和社会适应方面的良好状态。"孩子在幼儿阶段机体的发育不够成熟，技能不够完善，抵抗疾病的能力较弱，对环境的适应能力很弱，心理上的发育与发展也很不成熟，身心基础都较为薄弱，很容易受到各种不良因素的影响。同时，孩子的身心又正处于迅速发育与发展的重要时期。皮亚杰认为，儿童的智力是主体和客体相互作用的结果。身体运动能扩大孩子的活动范围，为孩子认知发展带来有益经验。在身体运动的过程中，孩子必须保持目标，通过努力克服遇到的困难和障碍达到特定目的，在这一过程中不断改变和实现自我，并且逐渐建立自我概念。

当今社会，孩子身体运动能力的发展已经越来越被广大家长重视，而孩子玩体育游戏和参加身体活动是提升孩子身体运动能力的重要手段。由于孩子的年龄限制，他们并不能很好地通过自身去完成这些能力的提升，因此外界因素的刺激会对他们产生很大的影响。所有外界因素中，家长对孩子无疑是最具有影响力的。家长是孩子的首位教师，孩子自身所有的言行能够直观地折射出其家长的素质、素养，以及对孩子的教育方式，家长自身对体育的态度和行为的认知很大程度上影响着孩子身体运动能力的提升。因此，关注和促进孩子身体健康和心理健康，不仅关系到孩子当前的健康状况，还会对其未来的发展乃至一生的健康产生重要、深远的影响。综上所述，家长要正确认识到孩子身心健康发展的重要性，要学习和掌握孩子身体发展的规律和特点，这样才能做到科学育儿。

二、3～4岁孩子身体发育的基本特点

3～4岁孩子的身体比以前结实了，他们不像以前那样容易生病。这个年龄的孩子的身高增长的速度比前两年慢，一年增长7厘米左右，体重增加1.5～2公斤。身体的组织结构完善，器官的功能增强。另外，3～4岁孩子的精力比以前充沛了。孩子出生后大脑皮层细胞在形态上继续分化，在功能上逐渐成熟。神经系统的发展使孩子可以连续活动5～6个小时，日间只需要一次睡眠。3～4岁孩子身体和手的基本动作已经比较协调，由于骨骼肌肉系统的发展，大脑控制调节能力的增强，加上前期所学会的技能和获得的经验，3～4岁的孩子已经能够掌握各种粗大动作和一些精细动作。他们的运动神经也得到了很大的发展，能够保持全身的平衡，运动能力也更强，甚至可以做一些较复杂的动作，如调节跑步的速度，跑步时突然转变跑步的方向，甚至来个急转弯都没有问题。

三、3～4岁孩子基本动作发展的特点及指标

3～6岁是孩子动作发展极为迅速的时期，站立、下蹲、行走、跑步、跳跃、攀爬、投掷等需要孩子全身大肌肉群活动的大运动动作，以及抓握、捡捏、涂画、撕折、穿脱、搭摆、搓揉、插拼、翻动等需要孩子小肌肉群活动的精细动作都在不同程度上获得发展。3～4岁的孩子由于活动范围的扩大、交往对象的增多、生活和成长的需要，走、跑、

跳、爬等基本动作开始出现，并有所自然发展，身体动作发展得也非常快，动作发展非常迅速。3～4岁的孩子已掌握行走、跑、闪避、扔、停、拐弯、减速等大动作，而且也已经掌握了一些精细动作，但是动作技能不熟练、动作水平不高，具体表现为身体动作不够自然协调、使用动作技能不够轻松和熟练等。

3～4岁孩子基本动作发展的特点如下：

走	1. 3岁以后，大多数孩子身体姿势控制能力有了明显的进步，可以避免步行时摔倒，走路逐步趋于协调、稳定。 2. 4岁时，孩子逐步获得了正确姿势，即躯干保持垂直状态，两肩舒展、腹部伸展，头微微上仰。用鼻孔呼吸，有节奏，平稳。步伐均匀，有了方向感和节奏性。手脚动作正确协调，两脚掌保持平行迈步，孩子可以一个一个地列队而行，沿着指定方向走。 3. 遇到障碍物不会调整步态、容易失去身体平衡。走路时，步幅小、步频快且不稳定，时快时慢，节奏性差，排队走步时保持队形能力弱，协同行走能力弱。
跑	1. 跑步时步态常为小碎步，跑起来脚经常不离地，4岁时腾空动作有所完善。 2. 跑步稳定性明显提高，但是在碰撞或者地面凹凸不平时还是容易摔倒，主动适应调节能力较弱；直线跑跑不直，跑动中改变方向费力而迟缓，控制跑动方向的能力仍然很弱。
跳	3岁孩子能够掌握双脚起跳时机，起跳动作采用下肢用力，蹬伸力量弱、不充分，不会摆臂助跳，落地动作不合理，落地较重，容易失去平衡。3～4岁是孩子跳跃能力快速增强的阶段。
攀登、钻爬	3岁孩子在自然发展中能够掌握正面钻、侧面钻等动作，但多为低头、弯腰钻过，屈膝程度较小。由于空间知觉、体位知觉较差和害怕碰到障碍物，孩子过"洞"后容易出现过早直立动作，导致身体触及障碍。

家长不是幼儿园的专业教师，但作为孩子的第一任教师，也需要对孩子的发展特点和规律有所了解，这样才会使自己的育儿行为不出现偏差。以下是教育部颁布的《3～6岁儿童学习与发展指南》中提出的3～4岁孩子动作发展指标：

（一）具有一定的平衡能力，动作协调、灵敏

1. 能沿地面直线或在较窄的低矮物体上走一段距离。

2.能双脚灵活交替上下楼梯。

3.能身体平稳地双脚连续向前跳。

4.分散跑时能躲避他人的碰撞。

5.能双手向上抛球。

（二）具有一定的力量和耐力

1.能双手抓杠悬空吊起 10 秒左右。

2.能单手将沙包向前投掷 2 米左右。

3.能单脚连续向前跳 2 米左右。

4.能快跑 15 米左右。

5.能行走 1 公里左右（途中可适当停歇）。

以下是幼儿园小班孩子身体锻炼的主要内容，供家长了解：

	内容	3～4 岁孩子
基本活动技能	走	向指定方向走，持物走，在指定范围内四散走，一个跟着一个走，沿圆圈走，模仿动物走，短途远足。
	跑	向指定方向跑，持物跑，沿规定路线跑，在指定范围内四散跑，在指定范围内追逐跑，走、跑交替或慢跑 100 米，一个跟着一个跑，折返跑。
	跳	双脚向前跳，双脚向上跳（头触物），从高度为 25 厘米的高处向下跳。
	平衡	平行线（窄道）中间走，平衡木上走，在斜坡上走。
	投掷	单手自然向前投物，双手向上、前、后方抛球，双手滚、接、拍球。
	钻爬	正面钻过障碍物，手膝着地爬，钻爬过低矮障碍物。
	攀登	上下台阶，玩滑梯，攀登肋木等其他设备。
身体素质		各类基本动作游戏，各类器械练习，基本体操。
基本体操		模仿操，徒手操。

　　基本运动能力发展充分的孩子更愿意积极参与运动，基本运动能力发展不充分的孩子往往放弃运动（尤其是集体性运动），更喜欢久坐不动的生活方式。基本运动能力发展充分的孩子会更加自信地参加各种活动，能够短期和长期地促进身体和情感健康，包括具有更高的身体活动水平、更好的心肺功能、更强壮的肌肉和骨骼，保持健康体重，更加自信，更愿意迎接挑战，更具有竞争意识，更加合群，终身参与身体活动。

四、3～4岁孩子的运动学习方式

　　3～4岁这个阶段的孩子体力较差，身体的基本活动能力较弱，动作不够灵敏协调，思维活动带有具体形象性，模仿能力强。他们喜欢游戏，对游戏中的情节、角色、动作过程容易产生兴趣，但自我控制能力较弱，注意力不易集中。因此，在与孩子进行体育运动时，可设计情境性强，角色鲜明，内容、动作、规则简单的游戏，他们不注重游戏结果，不重视胜负，喜欢皆大欢喜的结局。

（一）孩子在模仿中学

　　3～4岁的孩子身体比较柔软，容易学习各种动作，喜欢模仿，能够不厌其烦地重复某一动作，他们不怕失败，也不怕被别人笑话。他们的模仿现象较多，一方面是由于他们的动作和认识能力比以前有所提高，另一方面也是由于他们主要模仿一些表面现象。再大一些的孩子的模仿，则已开始逐渐内化。3～4岁的孩子看见小朋友在做什么，自己也总是要去做；看见别人有什么，自己也总是想要。比如当孩子看见别人在玩球，他们就想玩球；看见别人戴帽子，他们也想戴帽子。这个年龄的孩子在游戏中喜欢和别人担任同样的角色。模仿是3～4岁孩子的主要学习方式，他们往往通过模仿掌握别人的经验。孩子常常不自觉地模仿父母和老师，模仿亲近的成人说话的声调、姿势、动作等。在这个年龄段，良好的行为习惯常常是通过模仿学习来得以巩固的。此外，模仿这一行为还可以将孩子难以理解或觉得枯燥的动作和身体素质练习变成有趣的活动，提高孩子练习的兴趣。

（二）孩子在体验中学

体验是一种孩子通过自己的亲历获得直接经验的实践活动，孩子通过与学习情境中的各种因素进行相互作用，获得对某事物或现象的理解，获得具有个人意义的知识。3～4岁孩子的身心特点决定了他们的学习不同于其他年龄段学习者的学习，他们需要通过自己的实践活动获得对客观事物的感性认识和社会生活的直接体验。孩子年龄越小，越应该给予他们更多探索的空间与机会，因为只有通过自己的亲身体验，他们才会更了解自己的身体，才能在一次又一次的实践中调整自己，不断建构自身的运动经验系统，形成一定的健康态度。

（三）孩子在游戏中学

处于直觉动作思维阶段的3～4岁孩子，会更擅于使用形象、身影、色彩和动作来思考。游戏就是一种通过操作物体来感知事物的过程，在游戏中，孩子接触到各种性质的物体，并动用各种感官参与其中。同时，玩游戏是孩子的天性，它伴随着孩子的成长，可以说，没有游戏就没有孩子的发展。游戏与孩子发展的关系可以概括为三句话：游戏反映发展、游戏巩固发展、游戏促进发展。游戏是这个时期的孩子最主要的活动形式，也是他们最喜爱的一种活动形式。孩子们在游戏中能够模仿和学习，同时也能促进走、跑、跳、爬、钻、投等相关能力的发展。

孩子在户外进行的攀爬、追逐、跳绳、走平衡木、滑滑梯等运动性游戏，锻炼了孩子大肌肉群的运动能力和技巧，促进了孩子对肌肉运动的控制和协调能力的发展。而他们在室内进行的积木、穿珠、泥工、折纸、剪贴等结构性游戏，发展了孩子手部的小肌肉群的协调能力。其他各种游戏活动都不同程度地包含了大肌肉运动和小肌肉运动的内容。孩子根据自己运动能力的发展水平，选择适合自己的游戏活动，可以在这些游戏活动中发展运动能力，再根据已经提高了的运动能力变化游戏内容的难度，进一步发展其运动能力。可见，游戏的这种练习机能就是一种对自身运动发展需求的满足。

（四）孩子在大自然中学

孩子从3岁起，对四肢和躯干的控制力日益增强，动作日益显示出精确性和优美性。他们能自由自在地奔跑、攀爬、穿过滑梯、匍匐前进、跳跃，能不扶把手上下台阶，能从不断增高的高处跳下，双脚同时着地而不跌倒，蹬三轮车或两轮车能自如地控制车把，安全地转弯……这一切表明，孩子逐步成熟和完善的基本动作使运动能力开始增强，能力的增强使孩子显得更加好动，似乎身体内部积聚着无限的运动能量，随时都在释放，让他们能够在各种运动性游戏中，综合地运用和展示自己的能力，并日益强化自己的能力。

大自然是 3～4 岁孩子运动能力发展的天然乐园。孩子们在大自然中往往兴奋不已，跑跳不止。在大自然中，他们通过看、摸、听等途径，扩大了活动范围，开阔了眼界，丰富了知识和经验，促进了感觉器官的发育，提高了大脑思维能力。

实施指南

促进孩子身心和谐发展是所有家长所追求的目标。3～4 岁的孩子因为身心发育得不够完善，各种能力较欠缺，所以对成人具有较强的依赖性。因此，作为家长要树立正确的育儿观，一方面放手让孩子通过身体运动去了解自己的身体，了解周围的事物；另一方面给予孩子高质量的陪伴，引导孩子积累社会经验，获得正确的认识。

一、多带孩子到户外活动，提高孩子对运动的兴趣

小区的广场、庭院前后的场地、公园等都是家长（特别是祖辈）带孩子外出活动的适宜选择。建议家长们多带孩子参与户外活动，选择安全的场所，在保证孩子安全的基础上让孩子与大自然亲密接触，鼓励孩子自由奔跑、跳跃，与小伙伴一起游戏。

二、重视激发孩子锻炼身体的兴趣，促进孩子养成锻炼身体的习惯

家长要重视激发孩子锻炼身体的兴趣，以身作则，放下手机，亲力亲为，感染和带动孩子，促进孩子养成锻炼身体的好习惯。在家庭中开展丰富多样、适合孩子年龄特点的各种身体活动，如走、跑、跳、攀、爬等，鼓励孩子坚持下来，不怕累。在日常生活中鼓励孩子多走路，少坐车，自己上下楼梯。家长在与孩子进行日常游戏的过程中，可以鼓励他们扮成小兔、蝴蝶等进行不同的动作表演，和孩子玩"金鸡独立"等游戏，培养孩子的运动平衡及协调能力。

三、适当组织一些基础练习，提高孩子动作协调性

家长可以带着孩子一起走道牙，做原地转圈、单脚站立、窄道移动等动作，训练孩子的平衡感，提高动作协调性及灵活性；可以根据孩子的兴趣给他们购买滑板车、平衡车、脚踏车等，让孩子体验滑行和摇动的感觉；还可以经常与孩子玩手拉手转圈、秋千、转椅等，让孩子适应轻微地摆动、颠簸、旋转，促进其平衡能力的发展。

四、经常和孩子玩传统游戏，促进孩子动作协调性发展

爱玩游戏是孩子的天性，游戏是孩子学习的基本方式，家长可以和孩子一起玩"风车转转转""石头剪子布""老狼老狼几点钟"等游戏，既能增强幼儿的体质，又能提高他们对运动的兴趣和运动能力。

五、利用生活常见物品开展亲子运动，拉近亲子感情

家里废弃的易拉罐、矿泉水瓶、纸盘、纸杯、报纸等都是家庭开展亲子运动的便捷材料。家长可以在易拉罐两边穿上绳子做成高跷，让孩子练习走高跷，易拉罐有高有低，可以根据孩子的能力和水平选择合适的易拉罐。用废报纸揉成团做成纸球，卷成纸棍，可以玩棒球游戏。矿

泉水瓶里装上水，和孩子玩运水的游戏，锻炼孩子上臂的力量。家长可以因材制宜制作既安全卫生又有价值的体育器材，和孩子一起游戏，不仅可以促进孩子动作发展，还有利于促进亲子间的情感。

六、教孩子自我保护的方法，提升孩子运动的自信心

家长在带孩子时，不要过于紧张，要观察场地和器械是否安全，教孩子一些保护自己的技巧，如教育孩子注意观察周围的环境，避免与其他孩子身体碰撞，避免碰到其他物体。如果不小心摔倒，要学会用双手支撑身体，不要让头先着地。走路时眼睛朝前看，跨步时脚要注意抬高，跑步拐弯时要控制速度，从高处往下跳时膝盖要有点弯曲，身体转动时速度不要太快等。让孩子在掌握自我保护方法的同时，身体机能和动作也得到协调发展。

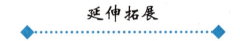

延伸拓展

一、推荐书目

> >> 1.《昆虫运动会》（著者：［日］得田之久；绘画：［日］久住卓也；出版单位：二十一世纪出版社）

图书简介：这是一本以昆虫为主题的绘本，描绘了有关于昆虫的运动会，昆虫很小但形态、习性却有着很大的差别，一场运动会让它们各显神通。本书通过贴近孩子理解水平的生活化场景描绘了昆虫的身体形态与其习性之间的关系。

推荐理由：小班孩子的学习以模仿为主，他们除了通过模仿成人、模仿同伴学习，故事中的任务也是他们模仿的主要内容。该绘本展示了一幅幅栩栩如生的昆虫运动的图画，与孩子的生活贴近，有利于引发他们学习的兴趣。故事的主角是小班孩子喜爱的昆虫形象，角色动态形象夸张，极易引起孩子的阅读兴趣。故事的情节简洁、生动，富有趣味性，

不仅能让孩子初步了解昆虫们的习性，还能激发起他们对运动的兴趣。

> ›› 2.《蹦！》（作者：［日］松冈达英；出版单位：二十一世纪出版社）

图书简介：本绘本内容简单，一个"蹦"字贯穿始终，整本书都是小动物蹲下、跳起的姿态，打开每一页都有一个小动物在蹦，仿佛这些动物就在我们眼前。

推荐理由：全书围绕"蹦"这一动词进行，这对于理解能力弱、正处于蹦蹦跳跳时期的小班孩子来说再合适不过了。故事里的小动物是小班孩子喜欢的青蛙、小狗、小鸡、蜗牛等，画面单一，很适合小班孩子阅读和理解。每一页的"蹦"伴随动物的动态都会给孩子带来惊喜，每一个"蹦"字都充满了动感，在不断激发着孩子蹦起来的欲望。该书是一本有趣的、能激发孩子动起来的绘本，家长可以与孩子边看边玩。

> ›› 3.《不焦虑的父母，更自由的孩子》（著者：崔璀；出版单位：中国华侨出版社）

图书简介：作者崔璀以自己的真实育儿经历提出平衡工作和家庭的解决方案。作者是一名母亲，与名叫李松蔚的心理学博士、家庭咨询师一起创立了女性成长平台 Momself，通过专栏文章的形式与广大父母交流，引发热烈反响。该书选取了专栏中最受大家欢迎的文章，同时加入了崔璀对育儿、家庭、新手父母个体成长的思考，给予广大父母心灵上的有效安慰。

推荐理由："内卷"成为现代的一个热门词，各种焦虑困扰着众多父母，同时也直接影响了孩子的身心和谐发展。该书以第一人称的方式进行讲述，真实展现了作者家庭的育儿日常和真实心迹，字句中流露的真情实感容易引起读者的情感共鸣和反思。

二、亲子游戏

> ›› 1. 大脚小脚

材料准备：椅子。

游戏玩法：家长和孩子面对面站立，孩子的双脚站在家长的双脚上，家长拉住孩子的手，听到口令后，从起点出发，大脚带小脚共同前行，行走一段距离，绕过椅子后再走回起点。

>> 2. 又快又准

材料准备：小背篓，小纸球若干。

游戏玩法：家长背上小背篓，孩子站在离背篓 2 米左右的位置，游戏开始，孩子拿着小纸球向小背篓里抛球。游戏结束，数数进了几个球。按照孩子的能力和水平调整背篓的高度和距离。游戏中的小背篓可替换为其他大口径容器，如水桶、垃圾桶等。

>> 3. 点鼻子

材料准备：纱巾 1 条。

游戏玩法：家长与孩子面对面，家长可以蹲着或坐着，相距 2 米左右。孩子蒙上纱巾，原地转 2 ~ 3 圈后去找家长，家长提醒孩子点到家长的鼻子。

>> 4. 揪尾巴

材料准备：布绳 2 条。

游戏玩法：家长和孩子分别将布绳塞进身体背后的裤子里。游戏开始，参加游戏者互相揪对方的"尾巴"，既要躲闪不要让对方揪到自己的"尾巴"，又要想办法揪到对方的"尾巴"。

>> 5. 袋鼠宝宝

游戏玩法：孩子抱紧家长的脖子，双腿夹紧家长的腰，像小袋鼠一样紧紧挂在家长胸前，家长弯下腰双手双脚着地向前爬。

>> 6. 俯卧撑

游戏玩法：孩子趴在家长的背上，抱紧家长的脖子，双脚夹紧家长的腰，家长双手撑地做俯卧撑。

>> 7. 赶小猪

材料准备：小球2个，羽毛球拍2个，椅子2张。

游戏玩法：家长和孩子各拿一个羽毛球拍，赶小球往前走，绕过椅子后继续赶小球回到起点。

>> 8. 过小河

材料准备：废旧纸皮做的正方形"石头"若干。

游戏玩法：家长手持"石头"和孩子站在起点，家长放"石头"，孩子单脚跳上"石头"，一直到终点。"石头"之间的距离根据孩子的能力和发展水平进行调整。

>> 9. 兜兜水果

材料准备：围裙，玩具水果，场地上画两条线，线与线之间隔2米。

游戏玩法：家长穿上围裙，孩子站在线后朝家长的围裙里扔水果，家长双手拉起裙角后接水果。

>> 10. 拉大锯

游戏玩法：家长和孩子坐在床上或者地上，面对面，盘腿手拉手，一边念"拉大锯，扯大锯，姥姥家唱大戏"，一边按节奏互相拉扯双手，上身随着儿歌节奏前倾和后仰。

>> 11. 爬大树

游戏玩法：爸爸蹲好马步，孩子用自己喜欢的方式爬上爸爸的身体（大树），勾住爸爸的脖子，然后爸爸抱着孩子转圈。

>> 12. 蜗牛爬

游戏玩法：家长坐在地上，双手撑于身后，孩子坐在家长小腹上和家长面对面，双手勾住家长的脖子。发令后，家长向前挪动身体，距离视家长体力而定。可以与别的家庭进行比赛。

> >> 13. 什么不见了

游戏玩法：家长想象手中有一面小镜子，孩子要用脸面对着家长的手，并跟镜面保持固定的 10 厘米距离，就像照镜子一样。当家长的手掌移动的时候，孩子的脸和身体跟着匀速移动。这时候很多有趣的、意想不到的、高难度的形体动作会随着手掌的移动而产生，比如家长可以把镜子照着地面，或者把镜子放到地上，还可以把镜子对着自己，孩子也都要跟上来照镜子。家长的手掌移动速度一定要放慢，越慢越好，好让孩子可以跟得上手掌的移动。如果害怕孩子会跌倒受伤，家长可以在客厅的地毯上进行游戏。

> >> 14. 手指的记忆

材料准备：眼罩。

游戏玩法：家长给孩子戴上眼罩，然后带着孩子去触碰家里的不同物件，可以是钢琴、沙发、窗帘布、橱柜、冰箱、电视、衣帽等，看看孩子能不能仅凭一根手指的触感，就猜出触摸的物件的真实身份。如果一根手指感受不到，家长可以让孩子尝试用手掌再次触摸，甚至用脸、用身体去感受整个物件的形状，相信孩子会慢慢发现，原来身边的每件东西都是这么不同。然后再让他用回一根手指，反复触摸他摸过的东西。经过这样的训练，孩子会很快变得敏锐起来。

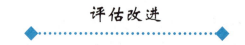

评估改进

一、自我评估

亲爱的家长，您好！看了这么多的案例，您自己在培养孩子身体协调发展方面做得怎么样呢？试着回答下面的问题，看看有没有需要改进的地方。

1. 当社会上的足球或者篮球培训机构来鼓动您带孩子参加机构训练时，您会怎么做？（　　　　）

A. 由于孩子的年龄尚小，发育不够完善，拒绝他们。

B. 抱着试试看的心理，带着孩子去机构现场试一试，看看孩子是否感兴趣，如果孩子很感兴趣就报名，如果没有就算了。

C. 马上报名，希望能培养出一个运动员。

2. 家里老人害怕孩子出事，对孩子保护过度，不让跑、不让跳，您会怎么办？（　　　）

A. 跟老人好好谈，跟老人讲清楚道理，自己抽空带孩子进行运动和游戏。

B. 跟老人好好谈，跟老人讲清楚道理，如果老人执意不听也就算了，不会让老人不高兴。

C. 自己工作忙，心里觉得内疚，父母帮着自己已经很不错了，所以不会去干涉老人的行为。

3. 好不容易有一个双休日，您会怎样和孩子度过？（　　　）

A. 跟孩子一起制订一天的活动计划，尽量做到动静结合、室内外结合，保证孩子有两个小时的户外活动时间。

B. 好不容易放假，要好好休息，哪也不去，就让孩子在家玩玩具或者看电视。

C. 带孩子去疯玩、狂吃，好好放松。

4. 家里产生了废旧报纸、布头、矿泉水瓶、易拉罐等生活废弃物，您会怎么处理？（　　　）

A. 利用巧手让这些废弃物大变身，根据孩子的需要制作成运动和游戏的器材。

B. 随手扔掉或者整理起来拿去卖掉，如果孩子拿来玩，也不会有意见。

C. 觉得这些东西很脏，是垃圾，如果孩子拿来玩会立刻批评。

5. 您和孩子在花园里散步，孩子走上道牙，想象自己在走平衡木，这时您会怎么做？（　　　）

A. 跟孩子说："你需要我拉着你一起走吗？"给予孩子必要的帮助。

B. 觉得孩子就是淘气、贪玩而已，不去理会。

C. 马上紧张地呵斥孩子，让孩子赶紧下来，并对孩子进行安全教育。

6. 休息日遇到天气不好，无法外出，您会怎样安排孩子的一日生活？（　　）

A. 让孩子自由地玩玩具或阅读，抽时间和孩子一起玩，并且会设计一些家庭小游戏带着孩子动起来。

B. 孩子在家随便玩，只要不吵闹就行。

C. 让孩子长时间看电视或者电脑。

【评估参考】

1. 选择 A 的家长是理智的并具有科学育儿头脑的家长，知道在幼儿阶段让孩子去接受专门的球类训练有悖于孩子的身心健康发展。

选择 B 的家长有尊重孩子想法的心理，但自己没有很好的判断力，表面上是尊重孩子的意见，但实际上没有能够尊重孩子的发展规律。

选择 C 的家长功利性很明显，以自己的想法为中心，完全不考虑孩子生长发育的特点，这是一种伤害孩子身心的行为。

2. 选择 A 的家长不仅能够理解老人的心理，还能够意识到自己在孩子成长过程中应承担责任，能够清楚认识到运动对孩子生长发育的重要性，会用自己的实际行动来解除老人的疑虑。

选择 B 的家长思想上认识到运动对于孩子发展的重要性，但因为还要依赖自己的父母带孩子，所以自己不会努力说服老人，同时也不会花时间去陪伴孩子，这其实也是一种不负责任的行为。

选择 C 的家长表面看起来孝顺老人，但实际上既不孝顺老人又对自己孩子没有责任心，这样只会耽误了孩子的发展。

3. 选择 A 的家长是有规划的家长，能够合理安排孩子的生活，尊重孩子的想法，有科学育儿的理念和行动。

选择 B 的家长是随意的家长，代表了大多数家长的教养态度，他们普遍认为教育孩子是幼儿园老师的事情，在家里就没那么多讲究了，对于他们来说只要孩子不打扰他们休息就行，表面"不管"，实质"自私"。

选择 C 的家长给予孩子的是无序的生活，这样的行为带来的结果就是孩子极度兴奋进而疲惫不堪，影响睡眠质量。

4.选择 A 的家长是有心的家长，有教育意识，这样能够用心为孩子的运动提供环保的器材的家长能够激发孩子对运动的兴趣。

选择 B 的家长，其做法代表了很多家长的做法，他们没有意识到生活中的废弃物是可以再利用的，对利用这些材料为孩子制作出适宜的运动器材没有正确认识。

选择 C 的家长忽视生活废弃物的利用价值，他们还有一个心理就是过度保护孩子，这样的家长通常是看不到生活的教育价值的。

5.选择 A 的家长知道有效利用生活环境中的资源，并且以身作则和孩子一起运动，给孩子做了表率。

选择 B 的家长，其行为代表了很多家长的行为，看不到教育的契机。

选择 C 的家长过于紧张，对于他们来说只有中规中矩地走路才是最安全的，他们不会允许孩子做他们认为有危险的动作。

6.选择 A 的家长是懂孩子的家长，明白孩子的活动要动静交替，也懂得如何做到高质量地陪伴孩子。

选择 B 的家长，其做法代表了很多家长的做法，能够给孩子活动的空间，但不会与孩子一起游戏。

选择 C 的家长也许能意识到过长时间看电视或电脑会对孩子产生危害，但为了让孩子保持安静，他们还是选择了错误的做法。

二、改进计划

接下来，您想如何转变教育观念促进孩子身体协调发展呢？不妨试试做一份孩子家庭生活计划吧！

1.认真反思，我在促进孩子身体协调发展方面有哪些做得比较好的地方？还存在哪些不足？我应该怎么样调整会做得更好？

2.我们家周边有哪些可以促进孩子动作发展和提高孩子身体素质的资源？我们打算怎样利用？

3.用心观察，我的孩子对什么运动游戏感兴趣？我们家大家都喜欢的亲子游戏有哪些？

4.想一想，找一找，我们家里都有哪些生活废弃物可以进行再利用？可以做成哪些环保的体育运动器材？

第四专题 积极回应养情商

我们可能见过这样的场景：外出旅游时，或者餐厅吃饭时，抑或是日常在家中，孩子兴致勃勃地跟爸爸妈妈说着什么，爸爸妈妈并不搭理，或是冷漠地敷衍过去。如果孩子的话语和情绪得不到回应，那么他们的兴致就会寂寥地消失在空气中。英国曼彻斯特大学曾经做过一个"静止脸"实验。实验之初，妈妈与孩子正常互动，积极回应孩子的各种表现，孩子很开心。实验开始，妈妈一直保持面无表情。孩子发现了，开始想办法引起妈妈注意。孩子继续尝试让妈妈与自己互动，然而不管孩子怎么竭尽全力逗妈妈笑，妈妈仍然面无表情。最后孩子受不了了，开始崩溃大哭。几个月大的孩子尚且如此敏感，更何况是再大一点，更加懂事的孩子？

有的家庭对待孩子是"小公主""小王子"模式，全家所有人都围着孩子转，孩子有一点风吹草动就过于紧张，有求必应，反应过度。而有的家庭，家长忙于工作，对孩子冷漠疏离，当孩子有了心理需求，渴望得到家长的回应时，换来的却是爸爸妈妈的不在乎。这两种家庭都比较极端，都不会正确地回应孩子的情绪，都属于消极回应。消极回应包括回应不足和过度回应。回应不足是对孩子发出的信号视而不见，经常不理会。过度回应是指过于控制和干涉孩子当下的行为和活动。父母不懂得适时、积极地回应孩子的行为，会造成与孩子的沟通障碍，甚至可能会对孩子的心理造成伤害。适时、积极的回应意味着：父母持一种以孩子为中心的价值观来解释孩子当下的行为，对孩子的情绪情感需求给予及时、灵活性的回应，同时也包括对孩子知识获得、认识事物所需要的支持，例如维持孩子的注意力，或者给孩子解释当下他所关注的事物等。本次专题，我们一起思考：父母应如何回应孩子？

案例分析

案例一　甩手掌柜："三不管"父母

小双的爸爸妈妈是一对年轻的90后父母，初为父母的他们对这个幼小的生命好奇又期待，但是小双出生后，一系列对婴幼儿的照顾让这对父母失去了耐心。小双还在婴儿期的时候，小双爸爸下班回家只想打打游戏放松心情，小双妈妈也想刷刷淘宝，不怎么理会小双。一直都是小双的爷爷奶奶在照顾小双，只要小双一哭闹，小双的爸爸妈妈就非常不耐烦，小双饿了渴了、换尿布和衣服都是爷爷奶奶在忙，父母很少有与小双亲密交流的机会。

转眼小双3岁，要上幼儿园了。有一次，奶奶、妈妈送小双去幼儿园，小双一直哭闹着不愿意进幼儿园，用力地抓住奶奶和妈妈的手不放开。妈妈把小双丢给老师，不耐烦地说："哭哭哭，整天就知道哭！你这孩子怎么这么黏人！你不许哭了！你再哭，我就不来幼儿园接你了。"说完就急匆匆地走了。

回到家里，小双拿着当天和老师一起制作的手工小扇子，对妈妈说："妈妈，你跟我一起玩好吗？"小双妈妈回应说："你就知道玩，没看到妈妈在忙吗？"小双听完低下头，尴尬地站在原地，把小扇子放在手里摆弄。妈妈看了看小双手里的手工小扇子，说："幼儿园怎么净教这些没用的手工啊？有教你们古诗吗？会背吗？"小双听完就流下眼泪，哭了起来。

第二天，小双刚从幼儿园回来，他挥舞着今天在幼儿园创作的"大作"——撕贴自画像，想给爸爸看："爸爸，快看，我的画！"爸爸的手指飞快地敲击着键盘，眼睛直勾勾地盯着屏幕，轻轻"嗯"了一声。小双看爸爸没反应，走到爸爸身边说："爸爸，画！"爸爸转头看了一眼画,又继续敲着键盘说:"哦,爸爸看了,挺好的。"不一会儿,到了吃饭时间,一家人围坐在桌子旁,小双兴奋地在爸爸面前一边吃饭一边叽里呱啦、断断续续地说着今天在幼儿园的见闻。小双爸爸开始拿起筷子,刷了刷手机,对小双说:"哦,在幼儿园挺好啊。那赶紧先吃饭吧,等会儿爸爸还有工作要做呢。"小双妈妈看着小双,指着饭菜,打断小双说:"行啦,宝宝,先吃饭。"小双欣喜的目光暗淡下来,安静地吃饭了。

小双的爸爸妈妈觉得,孩子小时候可以放任教养,自己也不太懂得怎么与孩子沟通。每到周末,爸爸妈妈也会带着小双到小区楼下或者家附近的公园散散步。到了公园里,碰到其他的小朋友,妈妈让小双过去找小朋友玩,自己和小双爸爸在一旁刷朋友圈,偶尔看看孩子。就这样,小双的爸爸妈妈成了甩手掌柜似的"三不管"父母:不管孩子生活、不管孩子情绪、不管孩子教育。

在我们的日常生活中,家长们都希望与自己的孩子沟通顺畅,亲密无间,但往往事与愿违。特别对于许多年轻的新手爸妈来说,似乎还没来得及做好准备,就要担负起教育孩子的责任。随着孩子的成长,很多家长会发现自己和孩子的日常沟通变得越来越难了,无法顺畅沟通,引发了一系列养育矛盾和难题,这让不少父母挠头。再者,这样的育儿场景在不少年轻父母身上呈现。"我在忙""别烦我""自己玩去"……忙碌的时候,不顺心的时候,生气的时候,这些话语,都是父母最常对孩子说的。心理学有一个词叫"存在性焦虑",是指当孩子无论说什么做什么,父母都是持一种冷漠和敷衍的态度时,孩子就会觉得,自己是没有存在感的,是不被爱的。案例中小双父母对孩子的回应不足,没有接收到小双发出的沟通信号,也不能及时关注并给予一定的反馈。一次两次疏忽或许没关系,但次数多了,那种被无视、被遗弃的感觉,足以对孩子的心理造成严重的负面影响。

› ›› 1. 不注重与孩子建立安全依恋

案例中小双的父母忙于生活和工作,只关注到自己的情感宣泄,在育儿初期就没有与小双建立科学、合理的亲子亲密关系,同时也没有树立科学的儿童观和教育观。

在幼儿期，孩子的依恋对象主要为家人，特别是母亲。家人应当十分珍惜这种关系，尤其是与孩子生活在一起且接触频繁的亲人更应重视，因为这种依恋关系的好坏将直接影响着孩子未来的发展。如果父母对孩子的态度十分冷淡，缺少交往，使孩子不能产生对父母的依恋，孩子容易变得不信任父母，以后也难以信任他人。对3岁孩子起主要影响作用的是母亲。母亲是否能够敏锐和适当地对孩子的行为做出反应，母亲是否能积极地同她的孩子接触，是否能在孩子哭的时候及时给予安慰，是否能在与她的孩子交谈时更小心体贴，是否能正确认识孩子的能力及软弱性，等等，都直接影响着小班阶段母子依恋的形成和维持。

在案例中，小双的父母已经错过与婴儿期的小双建立安全的依恋关系的时机。孩子会把积极的情感和行为都指向母亲，比如对妈妈微笑和牙牙学语；孩子喜欢跟母亲在一起，与母亲的接近会使孩子感到舒适、愉快；在遇到陌生人和处于陌生的环境而产生恐惧时，母亲的出现能使孩子感到最大的安全；当孩子感到饥饿、寒冷、疲倦的时候，会首先寻找母亲。但是小双的妈妈几乎都没有参与小双安全感的构建，也拒绝回应小双的安全感需求。

> 〉〉 **2. 不了解孩子的心理发展特点**

小双妈妈不了解学前阶段孩子的心理发展特点。小双3岁入园，出现哭闹、难与母亲分开的现象属于幼儿离开熟悉的家庭，进入新的陌生环境下所产生的分离焦虑，是属于小班入园孩子的正常心理现象，只要配合幼儿园做好入园适应工作，小双是可以适应幼儿园生活的。但是小双妈妈不耐烦的态度，让小双感受不到家庭所带来的安全感和支持，因此小双会更加焦虑，也更加不愿意上幼儿园。

小双妈妈拥有的是"揠苗助长"的教育观，并不了解当前幼儿园阶段幼儿的学习方式，对于小双在幼儿园的情况，小双妈妈的关注点不在小双的一日生活上，而在小双的学习上，对小双的言语中充满了责备与不满，没有任何鼓励小双的话。《3～6岁儿童学习与发展指南》指出："理解幼儿的学习方式和特点。幼儿的学习是以直接经验为基础，在游戏和日常生活中进行的。要珍视游戏和生活的独特价值……创造机会和条件，支持幼儿自发的艺术表现和创造……支持幼儿进行自主绘画、手工、歌唱、表演等艺术活动。"小双在幼儿园进行手工艺术活动，相比学习多少首古诗，这样的学习方式更适合小双，也更能让小双收获自主表达与创造的能力。小双妈妈可以这样回应："哇，你这个小扇子是你自己做的吗？我好喜欢。快告诉妈妈，你是怎么做的？"家长不仅要对孩子所说的话、所做的事情表现出很大兴趣，有探索的欲望，同时用语言和目光表达对孩子的关注和赞赏，还要让孩子有进一步表达的愿望，从而回顾事情的经过。

案例二　委屈的小南，强硬的妈妈

　　小南出生以后，父母非常高兴，为此父母看了很多网上分享的育儿经验，也买了很多的育儿书籍。为了将女儿培养成独立、坚强的女孩，小南父母从女儿满月开始就对她进行了"严格"的教育，例如，小南的妈妈总是把小南一个人放在婴儿床上，而自己则是忙里忙外。一开始的时候，小南会用啼哭表示反抗，但是小南的妈妈认为孩子总是惯着，会惯出一身毛病，不能孩子一哭就抱，因此对小南的哭闹置之不理。小南在家里不开心、哭闹的时候，或者想要妈妈抱一抱的时候，小南妈妈总是觉得孩子要长大、要独立，不能随便满足她。

　　平时小南妈妈对小南都是严格要求，每天都帮小南安排好一日活动。小南上了幼儿园，小南妈妈看到小南对画画比较感兴趣，就安排了她每天在家画画半小时的活动。

　　有一天，小南对妈妈说："妈妈，今天我不想画画了。"小南妈妈说："是你前几天一直吵着要买画笔，买了就要画。你之前不是很喜欢画画吗？"小南说："我就是不想画了。"小南妈妈生气地说："你还学会犟嘴了，今天我就看着你画完……"说着就把画笔放到小南手上，接着说："来，今天我们来画一个太阳好吗？"说着把黄色的蜡笔给小南，小南想换成黑色的，小南妈妈一把按住她的手，把黄色蜡笔给回小南，说："太阳就是要用黄色的画，不能用黑色的。来，你来画吧。"小南开始在画纸上涂鸦。小南妈妈看着小南画得不够圆，就抓住小南的手跟她一起画："太阳是圆圆的，我们要画得圆一些。接下来我们画什么？画云朵好吗？"小南拿起了蓝色画笔，开始尝试画云朵。妈妈指了指空白的画面，说："嗯，对了，蓝色的云朵。这里还空着，我们画一个小人好吗？"小南想了想，说："妈妈，我不想画了。"妈妈生气说："还没画完。快点画完，我们再吃饭。"

小南的妈妈觉得小南性格太过内向了，看了很多的育儿书，书中都提到了通过画画的方式可以给孩子一些"治疗"；同时，她希望能关注到小南的学习变化，觉得孩子不教是不会的，还是要多给她指导，所以每次小南画画，妈妈都要坐在一旁看着。

"包括其他的玩游戏、学习的活动，我都希望能够充分地给予她指导，让她在这些学习活动中有所收获，不是玩玩就行了。以前，我们给她买了乐高积木，但是觉得她还小，不太会玩，我们就想教她搭，可是她很不耐烦，我们觉得这样很难有进步。"小南妈妈向老师诉说着。小南不愿意与别的孩子交流的情况并没有多大改观，甚至跟爸爸妈妈交流的时间更少了，小南妈妈觉得非常苦恼。

案例中小南的妈妈是矛盾的，希望孩子在情感上能独立、坚强，希望孩子在认知学习上能最大限度地收获、学习到更多，甚至方式过于极端，想要把很多的知识都给到孩子。这样的回应，是父母希望孩子可以更加坚强、独立，可以依靠自己的能力去解决问题，所以在面对孩子的情感诉求时，父母很少回应。因此，小南妈妈在面对小南的情感需求上属于回应不足、忽视孩子需求的表现。也许小南妈妈的初心是为了孩子，但是这种强势的教育方式使得孩子承受了很大的心理压力，也让孩子内心充满了无助感。忽视孩子的诉求，这使得孩子内心的安全感受到破坏。

>> 1. 家长忽略孩子情绪的表达

家长的回应不足，例如拒绝、忽略孩子的负面情绪，可能会让孩子学会掩盖或者过度抑制自己的负面情绪，而不是将它们表达出来，孩子也有可能因此而难以学会通过合适的方式去调控情绪。小南的妈妈有意选择忽略小南的哭泣，长此以往，小南就学会了抑制自己，伤心了也不会哭，因为她知道哭了妈妈也不会理她，最终被负面情绪压抑着，自己的情感也失衡了。另外，家长对孩子负面情绪的回应不足，还可能导致孩子当下的情绪猛烈地暴发，以及产生对周围社会环境的负面信念和认知，最终可能导致孩子不良的同伴关系，导致孩子产生攻击性行为或者社会退缩，不愿意与同伴交往，也不愿参与集体活动。

>> 2. 家长的回应过度，过于强势

对于小南认知学习方面，小南妈妈的回应属于回应过度。小南妈妈过分注重家长权威的树立。非常注重家长权威的树立的父母，更加倾向于居高临下的教育态度，这种距离感使得孩子无法感受到亲子间的亲密。孩子迫于家长的权威会在行为上有所回应，但是内心对父母的教导方式可能会极为反感。可见，亲子关系相处不融洽的家庭缺少的是父母对孩子诉求的回应，家长沉浸在自我的教育方式之中，按照自以为是的教育方式对孩子进行教育，忽视了孩子内心真实的心理状态。

在亲子互动中，小南妈妈的指令性语言较多，控制程度高。在画画的过程中，妈妈不断发起指令，主导整个互动过程，小南较多的是遵守指令行为，被动操作，较少表现出与妈妈的社会互动和自我表达。小南妈妈的这种回应方式属于高控制风格。众多研究发现，高控制的互动方式会降低游戏的乐趣，不利于孩子获得游戏的坚持性和自主控制感，会让孩子缺乏控制动机，拒绝挑战，对任务失去兴趣等。有研究发现，在家长控制任务的情况下，1～3岁的孩子较少表达积极情绪或者关注任务。同时，对孩子行为的回应较少，家长主动操作的次数过多。在案例呈现的亲子互动中，小南妈妈有较多的发起，对小南当下的行为回应较少，小南在互动中主要是遵从妈妈发起的要求：用黄色画太阳，用蓝色画云朵，不可以用黑色画太阳。小南妈妈过多地发起实际上也是控制和孩子互动的行为表现，是一种高控制的教养风格。亲子互动中，父母有较高频率的发起行为，尤其是发起建议，会干扰孩子在活动中注意力的维持。在亲子互动的过程中，家长比较关注互动的结果，尤其是在玩玩具的互动中，家长比较关注孩子是否能够"正确"使用玩具，是否能够获得相关的能力或者达到期待的结果，这种取向可能会使家长在互动时目标过于明确而忽略游戏过程本身的乐趣。

案例三　鼓励关注，适宜及时利沟通

　　3岁的艺心是一个活泼可爱的女孩，每天都开开心心地去上幼儿园，在幼儿园里有礼貌地跟老师、小伙伴打招呼，积极参与班级活动，自己认真把饭菜吃完，安静地午睡……这是入园第三周之后艺心的在园表现。谁也想不到，新学期开学的前两周，艺心可是每天哭着被妈妈抱着去幼儿园的，每天都狠狠地抓着妈妈的头发不放手，然后哭一整天，把外套都能哭湿，是个令老师头疼的"抓狂女孩"。

　　艺心为何能转变得如此之快？原来，艺心的妈妈从艺心入园前就有意识地开始配合幼儿园做好小班孩子入园适应的工作。每天晚上的散步时间，艺心妈妈都会带着艺心散步到幼儿园，给艺心介绍幼儿园的设施和环境，告诉艺心不久之后她就要来幼儿园跟老师和小朋友一起玩游戏。每天晚上睡前固定给艺心读绘本故事，快要入园的前一周，艺心妈妈还特地挑选了关于上幼儿园的绘本，对艺心提出的问题，艺心妈妈认真地听着，并耐心地回答。家里有一条家规：每天睡前晨起，艺心妈妈和艺心都会相互道早安，说"我爱你"。一家人其乐融融。

　　艺心喜欢芭比娃娃，每次去商场都要到有芭比娃娃的商店转一圈。有一天，艺心看着新出的芭比娃娃款式，对妈妈说："妈妈，我想要这个芭比娃娃！"艺心妈妈说："我知道你很喜欢它，但是我们家里已经有很多个芭比娃娃了，再买家里可能就放不下了，而且芭比娃娃有那么多个，我们每个都要买回家吗？我们可以每次到这里逛街的时候都进来看一眼它，就像我们会定期回家看奶奶一样，好吗？"艺心听了妈妈的话，似懂非懂地点了点头。之后，艺心就跟妈妈有了一个心照不宣的约定：每次来商场都要来看一看她的芭比朋友。

　　艺心妈妈喜欢音乐和舞蹈，从小艺心就跟着妈妈一起听很多音乐，看过很多的舞蹈视频，也尝试模仿视频里的舞蹈，在家里艺心经常听到音乐就开始即兴起舞，艺心妈妈每次都是最积极的观众。有一次，艺心听到了她非常熟悉的一首歌曲，不自觉地跳起舞来，边哼唱边跳舞，持续了 5 分多钟，艺心的爸爸妈妈一直在旁边观看，用手机给她摄像记录。一曲结束，艺心妈妈拥抱住艺心说："你的舞蹈真是太棒了！我们都替你感到高兴！非常有力量的一首歌，你感受到了每一个音符。"艺心爸爸问道："你享受跳舞吗？你还想继续跳舞吗？"艺心高兴地点头："我想上舞蹈课！这样幼儿园的老师也能看到我跳舞，我可以参加比赛！"艺心妈妈说："你当然可以参加比赛，只要你真的喜欢，我们就会支持你。你可以不断尝试。"艺心说："我喜欢跳舞，跳舞时我觉得自己很有力量，我要每天都练习跳舞……"艺心激动极了。

案例中艺心妈妈的亲子互动属于积极回应。在回应中表现出明显的积极情绪，可以让互动产生愉悦的气氛，激发孩子积极情绪的表达。有研究发现，在与 3 岁左右的孩子的亲子互动中，家长采用表扬的方式有利于提高孩子参与任务的意愿度。艺心跳舞时，艺心妈妈给予及时的鼓励，这一回应风格没有让艺心对舞蹈这项活动失去兴趣，反而让艺心自主表达了舞蹈给她带来的真实感受，她产生了今后继续跳舞的意愿。

孩子自主自发的行为与家长的回应有着极大的关系。家长回应中的需求和动机支持与孩子的主动探索和自我表达都有显著的相关关系，在家长的需求和动机支持中，"询问或者确认孩子的需求和想法""肯定或者默认孩子当下适宜的行为""鼓励孩子自主探索和思考"是发生频率相对较高的行为。其中"询问或者确认孩子的需求和想法"，意味着在互动中家长要重视孩子的主体性及其所关注的东西。研究发现，家长与孩子的谈话和儿童早期语言词汇的获得有关。这一阶段，孩子词汇量增加、对新词感兴趣，言语功能的呈现越来越丰富。而这往往是通过家长在与孩子互动时询问孩子关注或有兴趣的事物这一过程实现的，而不是家长指导孩子去关注事物。

研究发现，当孩子在表现自己的自主需要时，家长可以通过提供机会、表示认同、鼓励等方式激发孩子的内部动机与外在行为，支持孩子的自主性、兴趣等。大量研究证实，家长的积极回应和支持行为与孩子不同阶段的发展结果密切相关，例如当家长表现出恰当的积极回应和支持行为时，其孩子在游戏中会表现出更强的坚持性和探索能力。在家长了解孩子需求并及时激发孩子的积极性时，孩子往往会表现出更多的自主探索和自我表达行为。同时，与孩子围绕玩具进行互动，提供支持和给予帮助，也使孩子有机会与家长交流和沟通，从而对孩子的社会兴趣产生影响。

了解孩子

一、语言发展

3 岁左右的孩子词汇量迅速增加，对新词感兴趣，在语音、语义、语用等方面都有了进步。随着孩子与生俱来的好奇心、求知欲的发展，这一阶段的孩子对新词句表现出较大的兴趣，开始变得好问，总是喜欢问"为什么""这是什么"这类的问题，并从成人的答案中学到很多的新词。孩子在 3 岁时使用的词汇量是 2 岁时的 3 倍，也就是说，这一阶段是孩子新词不断涌现并被使用的阶段。

这一阶段的孩子言语功能呈现越来越丰富、准确的趋势，口语表达能力增强，已经具有回答、提问、问候、告知、请示等言语功能。这一阶段的孩子的语言表达基本上是对话形式，即回答家长的问题或向家长提问并获得解答，因此，这一时期家长适时、积极的语言回应能帮助孩子积累语言的经验，以及对周围人、事、物的体会和印象，逐步提高对世界的认知。

二、社会性发展

这一阶段的孩子能够使用简单的代词，如"我""你"，能用第一人称来代表自己，证明孩子已经从自己的表象向抽象发展，孩子的自我意识逐步形成。

自我意识是对自己的认识，也是对别人与自己的社会关系的认识，它是个性倾向性的核心，对个性的发展起推动作用。自我意识包括自我认识（自我感觉、表现、评价）和自我意向（独立性、自尊心、自信心）。

2～4岁孩子的自我评价带有浓厚的情绪色彩，是自我意识的第一个转折；4～5岁孩子能够根据一定的行为规则来评价自己，是自我意识的第二个转折。

但总的来说，幼儿期评价具有情绪性的特点。正因为这样，孩子对于自己力量的认识和自己可能达到的成就的估计往往是片面的、肤浅的，他们的自我认识基本就是成人对他们的评价的翻版，受到周围人的肯定、鼓励等积极评价的孩子往往会对自己产生一种满意感、自信心，反之就容易产生孤独感、自卑感。

随着生活范围的扩大、语言能力的发展，孩子的社会性、认知开始发展。《3～6岁儿童学习与发展指南》在社会领域部分提出培养孩子"具有自尊、自信、自主的表现"的教育建议，指出："关注幼儿的感受，保护其自尊心和自信心。如：能以平等的态度对待幼儿，使幼儿切实感受到自己被尊重。对幼儿好的行为表现多给予具体、有针对性的肯定和表扬，让他对自己的优点和长处有所认识并感到满足和自豪。"因此，家长的积极回应对培养孩子自信心有极大的影响，亲子互动、回应孩子的过程其实就是培养孩子自信心的过程。

家长可以充分运用皮格马利翁效应，通过多种活动和方法给孩子以积极的暗示和期望，让孩子正确认识自己、评价自己的能力，树立一个良好的自我形象，对自己充满信心，从而促进自我意识的进一步发展。这一过程也可以减少孩子对家长的依赖，促进孩子相信自己的能力，相信自己能很好地完成任务，有利于孩子养成开朗、主动交往的性格，使其有一定的控制力，能坚持做完一件事，培养孩子独立、自主的良好学习品质。

实施指南

著名的教育学博士，杰出的心理学家、教育家尼尔森在《正面管教》一书中提到3R1H（相关、尊重、合理、有帮助）："只要你不责备孩子，并且把错误看作是学习的机会，你和孩子就不但是在练习解决问题的技能，而且是在相互尊重，并且会共享高质量的亲情时光。"想要做好与孩子的沟通，我们应该从以下几方面入手。

一、用心倾听，简单询问

与孩子交流时，我们应该放下手边事，认真、不打断地听。倾听时，目光注视着孩子，让孩子更放松。在倾听的过程中，应表现出很感兴趣的样子，引导孩子继续说下去。可适当提问如下："是吗？""还有呢？""然后呢？"向孩子传达这样的信息：我在听你讲，我对你所说的话很感兴趣，我想了解一下。当孩子感到自己被关注、被关心、被尊重时，他们的烦恼也就随之化解了。

美国管理学家罗宾斯提出，积极倾听需要掌握四项原则。一是专注。家长在与孩子沟通时要集中注意力，切忌心不在焉。二是移情。家长要站在孩子的角度思考问题，理解孩子的情感。三是接受。家长对孩子表述的内容不要盲目加入自己的价值判断，要宽容接受。四是对完整性负责。家长要努力理解孩子想传达的全部信息，这就需要家长在倾听孩子传达信息的同时，也要关注孩子当时的情感，并以平等的身份积极倾听。家长对孩子积极倾听，也会影响到孩子与他人的交流方式和态度，使孩子在与他人的交往中更容易积极倾听他人。

二、营造情境，巧妙回应

（一）营造有趣味的游戏或者虚构的情境

在亲子互动时，家长如果创设一个虚构的游戏情境，不仅可以增加游戏的趣味性，也能促进孩子象征能力的发展。心理学家维果茨基认为虚构游戏对幼儿发展具有深远的影响，能促进孩子多种不同能力的萌发和精妙的观点的生成。家长在营造游戏或者虚构的情境时应从孩子身上找线索，捕捉孩子的兴趣，回应孩子的行为并加以建构，进行想象性的扩充与解释。例如，3岁的彤彤发现旁边一个盒子内有一个娃娃，上面盖着小毛毯。她指着娃娃说："我想玩这个。"妈妈说："好啊，我想娃娃正准备起床了，她想听故事呢！"

在游戏中，孩子可以自由支配自己的行动，并可以愉快地与成人和同伴交往。我们可以发现语言的发展伴随着游戏自始至终地进行，这也是一个很好的发展孩子语言的场景。在这个过程中，家长可以把握游戏情境，帮助孩子习得语言，比如在购买了不同玩具的时候，可以和孩子讨论玩具的模样、玩法，在游戏中对玩具进行适当的描述；如在玩积木的时候，家长可以说："把这个红色的积木放在那个蓝色积木的上面。"既引入不同的新鲜的词语，丰富孩子的词汇，又帮助孩子更好地练习不同的句子，加强孩子对语言的理解。

（二）提供交流的机会并及时回应

孩子不仅需要学说话的机会，也需要有说话的内容。因此，让孩子拥有丰富的经历，他们在经历这些事情以及收获了一些经验后，让孩子进行复述与表达。这些经历可以是在地上打滚、去超市、观察或抚摸邻居家的宠物。可以有如下方法：

①与孩子谈话时，给他示范规范的语言表达。

②如果孩子发错了某个词的音，你就要在下一句话中正确地重复这个词。比如，如果他说："伐水。"家长可以用正确的读音进行复述："对呀，我们去划水。划呀划。"同时，可以尝试让孩子用正确的读音复述一遍。

③当给孩子提供了一个选择的机会时，可以鼓励他说出自己喜欢哪个或者描述自己所喜欢的事物的特征，而不是仅仅说"好"或者"不"。

④说简单的话，但是避免使用成人对婴儿说话时的那些咿咿呀呀的语言。

⑤提供一些刺激说话的材料，如玩具电话、手指玩偶、图画书。

⑥鼓励孩子说出并指出自己的身体部位，然后给玩具娃娃的身体部位命名。

⑦帮助孩子从具体的经验中学习。例如，如果在提到"苹果"时，为孩子提供一个真正的苹果的话，就会帮助他更好地学习"苹果"这一概念。

⑧通过外出旅行活动，给孩子提供感受实物的机会。

三、认真鼓励，有同理心

（一）经常给予孩子正向抚慰

人都有被爱、被理解、被倾听、被尊重的需要。任何一个孩子都不喜欢被忽视，都希望得到家长的赞美和关心。因此，家长需要经常和孩子进行交流对话，关心孩子的成长，如对孩子的阶段性进步及时表扬。表扬是一种积极的沟通，要对孩子的具体行为进行鼓励，不要简单地说"好棒""你好聪明"这样简单的话。

（二）在进行表扬时要注意方法和步骤

第一步，描述孩子值得表扬的行为；第二步，表达自己对这个行为的感受；第三步，用一个或几个词语来总结这个值得赞赏的行为。这种描述式的表扬对孩子的成长发展十分有益。当孩子做错事时，要表达同理心："我知道你很害怕，我能理解你的感受，因为我就曾经遇到过一件类似的事……"这样能让孩子以一种放松的心态和你沟通，容易说出那些难以启齿的话。另外，还有一些家长给孩子讲睡前故事，和孩子交流当天发生的有趣故事，自然及时地向孩子传达类似"我爱你"的信息，等等，这些都是在沟通中传递正向抚慰的具体表现。这些行为可以让孩子感受到家长的温暖和对自己的重视，有利于建立良好的亲子沟通关系。

（三）鼓励孩子对事物产生好奇心

看重孩子所问的每一个"为什么"，对孩子的每一个提问都给予积极的回应。孩子不断成长的过程就是在一次次追问中完成的，推动孩子不断成长的方式就是启发孩子不断地追问，尽力满足他们对世界的"食欲"，让孩子的智慧之树因营养充分而茁壮成长，开出艳丽的花朵，结出丰硕的果实。

四、爱的拥抱，爱的蜜语

光用嘴说还不够，家长还要学会肢体语言。家长不能忽略社会互动的部分，在对孩子的行为进行回应时，应注意孩子行为背后的动机和需求、当下的情绪体验等主体性因素。最好与孩子面对面进行互动，有更多视线的交流和表情的观察。同时，应该以饱满的情绪和积极的态度进行回应。当与孩子交流时，若发现孩子有莫名的情绪，其实可以什么都不说，只需要抱抱孩子，或拉拉孩子的手，或亲吻孩子的额头，在耳旁告诉孩子"我爱你"。这样的肢体语言，能让孩子直接收到来自家长的理解与支持，很快稳定自己的情绪，变得更加积极向上。

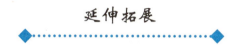

延伸拓展

阅读推荐

> >> 1.《给爸爸的吻》(著者：［澳大利亚］弗朗西斯·沃茨；绘者：［英］戴维·利格；出版单位：上海文化出版社)

推荐理由：这是一本讲述爸爸与孩子之间的温暖亲情的绘本。故事里的小熊爸爸对自己孩子的心理、个性和倾向了如指掌，因而能因势利导、循循善诱，在看似游戏和玩闹的互动中，完成了对孩子的照料、鼓励与引导。贯穿着整个故事的，是那暖暖的亲子之爱。现代社会里，大多数情况下父亲相对母亲而言，是参与到孩子教育中较少的角色，而书里的爸爸温暖、耐心，在孩子的每个成长阶段都给予孩子充足的陪伴。本书适合爸爸读给孩子听，有助于拉近父子之间的距离，也许还会收到孩子献给爸爸的一个吻呢！

> >> 2.《一直爱你，永远爱你》(著者：［英］乔纳森·艾米特；绘者：［英］丹尼尔·豪沃思；出版单位：新星出版社)

推荐理由：这本绘本讲述了一个关于成长和爱、具有一定思辨色彩的故事，文字温情感人，画面生动有趣，富有原野气息。亲情的主题，永恒、经典、百读不厌。在美丽的森林里，长尾巴鼠和小尾巴鼠，每天无忧无虑地快乐生活。长尾巴鼠知道，自己的宝贝小尾巴鼠总有一天要长大、独立，它时时刻刻给小尾巴鼠以暗示、鼓励和希望。这个关于长尾巴鼠和小尾巴鼠的故事，表达了深深的母爱和孩子对母亲的依恋。

> >> 3.《团圆》(著者：余丽琼；绘者：朱成梁；出版单位：明天出版社)

推荐理由：这是一本非常优秀的国内绘本，将民族传统文化、现代生活内涵、儿童心理情感恰切而有机地融为一体，是具有人情味、历史感、艺术美的感人作品。一则几百字的小故事，记述了小主人公毛毛童年时代过年的一幕，语言简单，细节生动感人，浓浓的亲情，父爱的伟大，尽在平实的文字和温馨的图画背后。这种珍贵的情感和温馨的生活，是寒冬里的一股暖流，温暖了人心。那种团圆时的家常幸福和离别时的依依不舍，牵动着每一个人的心弦。

> >> 4.《游戏力》(作者：[美]劳伦斯·科恩；出版单位：中信出版社)

推荐理由：这本书被很多人比喻为亲子沟通的"双向翻译机"，作者劳伦斯·科恩博士是一名临床心理学家，也是一位父亲。这本书重点写的是解决常见的孩子行为问题，激发孩子内在的自信力，并且重建父母与孩子之间亲密沟通的桥梁。本书的英文名字是 *Playful Parenting*，指的是为人父母需要一种活力，一种自信，一种情趣，一种幽默。作者深入的分析显然来自深厚的专业基础，但全书很少出现专业名词，读者可以在轻松的阅读中享受到游戏大师的幽默和亲和力。

> >> 5.《非暴力沟通》(作者：[美]马歇尔·卢森堡；出版单位：华夏出版社)

推荐理由：这本书介绍了非常有用的沟通之术，尤其适合亲密关系间的沟通。言语上的指责、嘲讽、否定、说教，以及任意打断、拒不回应、随意出口的评价和结论，都会给我们带来情感和精神上的创伤，甚至比肉体上的伤害更加令人痛苦。这些无心或有意的语言暴力让人与人之间变得冷漠，产生隔阂。这本书将"非暴力沟通"这种沟通方式介绍给读者，书中将其划分为"表达"和"倾听"两个方面，其中"表达"又细分为"观察""感受""需要""请求"四个要素。这本书通过对这些方面和要素的详细解读，帮助人们扭转负面的思维趋势，用温和的方式化解人际冲突，以维持轻松和谐的人际关系。

> >> 6.《遇见孩子，遇见更好的自己》（作者：［美］赛西·高夫，［美］戴维·托马斯，［美］梅丽莎·切瓦特桑；出版单位：北京联合出版公司）

推荐理由：这本书是由三位美国教育专家写的，他们在一所家长咨询机构上班，根据十几年的心理辅导和教育子女的经验，他们指出：要解决子女的问题，得先解决父母的问题——后者才是最重要的。教育的复杂性以及父母在孩子成长中发挥的特殊性功用，要求家长不仅仅能够去"爱"孩子，还要会"解读"孩子的性情与需求，懂得"养育"二字的真谛，从单纯的"家长"转变为身兼家长与教师双重角色的"教育者"。如此，方能够"养"而"育"之，并在这一过程中获得自我心智的进一步成熟。作为一个合格的"教育者"，家长要教会孩子的是真正的生活，而不是充满假象的圆满。

> >> 7.《你就是孩子最好的玩具》（作者：［美］金伯莉·布雷恩；出版单位：南方出版社）

推荐理由：在处理与孩子沟通的问题时，控制、放任、争执等都是家长们常用的方法。这些教育方法都有可能导致孩子无法以恰当的方式来表达情感和进行沟通，从而无法建立起父母与孩子的亲密关系，孩子也就无法得到家庭关系所带来的归属感和安全感。与这些方法相比，情感引导的教育方法更加充满关爱，也更符合逻辑和人性。因为只有情感引导型的父母才会把棘手的情况当成了解孩子内心世界的好机会，并且对孩子的情绪给予同情和理解，在沟通中增进亲子关系，进而提高孩子的情商和沟通能力，为他们将来的成长打下有益的基础。

评估改进

一、自我评估

亲爱的家长，您好！看了这么多的案例与分析，您自己平时在与孩子相处的过程中是如何做的呢？请试着回答下面的问题，看看有没有需要改进的地方。

（一）单项选择题

1.孩子在认知学习上遇到困难，家长应该有的做法是（　　　）

A.指责孩子太笨

B.鼓励孩子克服困难，并适当给予指导

C.包办代替

2.培养孩子的心理素质和多方面的能力，家长应有意识地（　　　）

A.设置一些困难，让孩子经受磨炼

B.给孩子创造优越的环境

C.尽量满足孩子的要求

3.家长对孩子的要求应符合年龄特征和个性特点，提出的要求应是（　　　）

A.通过孩子的努力能达到的

B.超过孩子能力和实际情况的

C.不经过努力可以达到的

（二）多项选择题

1.家长的积极回应对孩子有哪些好处？（　　　）

A.家长的积极回应促使孩子发展得更好

B. 家长的尊重让孩子内心充满力量

C. 家长的认可让孩子更加有行动力

2. 怎么做好一个会"积极回应"的家长？（　　）

A. 耐心地倾听孩子的表达

B. 适时地给予肯定和鼓励

C. 对孩子抱有合理的预期

3. 家长在与孩子说话时，要采取什么方式？（　　）

A. 诱导式，循循善诱

B. 协商式，对孩子采取平等的态度

C. 说理式，也可以称为"解释式"，动之以情，晓之以理

D. 居高临下，发现问题就批评教育

【评估参考】

（一）单项选择题

1. B　　2. A　　3. A

（二）多项选择题

1. ABC

A. 家长对孩子抱有合理的期待时，会对孩子的诉求给予积极的回应，在这种融洽的沟通环境下，孩子的成长得到了更多正向的激励。

B. 家长对孩子的尊重让孩子内心的力量更加充盈，孩子内心对自我的认同感在家长的积极回应中得以建立。家长的尊重让孩子在个性表达上也更加自信。

C. 家长的评价对孩子来说非常重要，孩子会向着家长称赞的方向发展。家长的认可对孩子来说是一种积极的引导。

2. ABC

A. 当孩子渴望表达的时候，家长有必要为孩子提供表达的机会，让孩子的想法得以倾诉。保持耐心地倾听，不急于打断，可以让孩子的想

法更加顺畅地被家长接收，家长对孩子真实的内心世界也会更有所了解。

B.家长适时的肯定和鼓励可以让孩子更加有行动力，同时，孩子的自我评价也会更加正面，这使得孩子更加有勇气去面对挫折和困难。

C.家长对孩子抱有合理的预期，使得孩子在期望效应的影响下更加积极地面对生活。在合理的预期中，孩子的能力得到提升。

3. ABC

与孩子说话应采取以下正确的方式：一是诱导式，通过循循善诱使孩子增长知识，发展智力，获得乐趣，加深感情。二是协商式，对孩子采取平等的态度，尊重孩子的人格，通过商量和讨论启发孩子动脑筋想办法，使孩子积极参与谈话。三是说理式，也可以称为"解释式"，当不赞成孩子做什么的时候，应向孩子解释原因，说明道理，并征得孩子的理解和同意。在孩子做错事时，帮助孩子分析原因，指出危害，使孩子心服口服。

家长可以用这些方法帮助孩子形成自己的看法，强化孩子的逻辑思维，教会孩子如何真正自信地发问；或是让孩子在友好的气氛中阐明自己的想法，用适当的方式反驳大人不正确的观点。一名合格的家长会为孩子的自信成长感到自豪，并且不惧怕孩子的异议。

另外，在与孩子说话时，家长要特别注意以下几点：一是要从平等的地位出发，不摆家长的架子，在心情不佳或被顶撞的时候更要注意态度。二是话题要以孩子为中心。要以孩子关心和感兴趣的话题进行交谈，当然，有家长和孩子都感兴趣的话题更好，以这类话题交谈最容易，也便于掌握孩子的思想动向。三是要有足够的耐心。有些问题，孩子不一定能很快地理解，家长要有耐心地帮助孩子慢慢认识问题。对于孩子没完没了的讲述，家长也不要随意打断，应适当引导，使孩子逐渐提高表达能力。

二、改进计划

阅读了本专题，相信您对回应孩子的技巧有了一定的了解。请您根据本专题的内容，针对过去所做的不足之处，提出未来的改进计划。

1. 请您阅读本专题后回想一下，您给予过孩子哪些积极回应？

2. 您学到了哪些沟通技巧？有哪些沟通技巧可以传授给孩子？

3. 记录最近一次您和孩子间最令人印象深刻的对话。

第五专题　好奇想象要珍惜

　　随着生活范围的扩大，3～4岁的孩子在各种粗大动作，如走、跑、跳的发展和基础动作的运用自如下，能接触更多的人、事、物，对周边环境充满好奇心，喜欢去摸一摸、看一看、动一动，学习认知的过程需要依靠行动来进行。同时，孩子语言的形成和发展也有了一定基础，能向别人表达自己的想法和需要，喜欢问许许多多的问题。在这个阶段当中，家长经常会因为孩子好动爱问而特别头疼，困惑于自己的宝贝是不是有多动症、怎么有那么多话要说，甚至认为这个不停说话的"小问号"有些烦人。其实这都是正常现象，这恰恰反映了孩子正在了解外界环境所给予的信息，也就是他们正在认识这是一个怎样的社会、怎样的世界。由于发育还未完全成熟，其想法也会稚嫩或不切实际，但这些问题、想法就是他们接收这个社会的信息的通道。这一阶段，孩子对所有事物都充满探究欲望，充满想象力，作为父母应该尊重、珍惜孩子这种"别样的学习"。

案例分析

案例一　与孩子"出走"，为创造助力

　　果果已经3岁了，从小就跟着爸爸妈妈去过很多地方，无论去哪儿，

爸爸都给他拿上一个小画本。他有时坐在南宁大桥旁边画桥的倒影，有时在等动车就画动车站的广场，有时去到梯田边上画层层叠叠的稻田，有时爬到山顶画那像玩具一样小的房子……爱画画的果果也很喜欢问许多问题，画大桥的时候他问："这个桥墩这么小为什么能撑起来这么重的桥身呢？"画车站广场的时候他问："这个广场为什么没有马路呢？"画稻田的时候他问："为什么有些稻子是绿色的，有些是黄色的呢？"画房子的时候他问："房子的底下是什么呢？"果果爸爸都会用同样好奇的眼神望向他说："真的很奇怪哦！"果果爸爸经常会鼓励果果观察一下，让他猜一猜所有问题的答案，有时候找到一些书和图片，就给果果讲各种奇妙的故事。

果果每天放学最喜欢的时间就是跟爸爸一起去公园的时候，爸爸下班回来吃完饭，果果就跟着爸爸到家旁边的公园散步，每次都会带回来许多"宝贝"，有各种颜色的树叶、奇形怪状的小石头，有一次还抓到了会蹦跳的蚂蚱。这些"宝贝"成为果果最好的玩具，果果每次拿回来都可以跟爸爸一起探索。将五颜六色的树叶撕开，果果发现里面居然有像线一样的东西，爸爸把它做成了叶脉书签；奇形怪状的小石头放进了果果的宝物盒，爸爸答应他，等盒子装满后做一场关于石头的展览；会蹦跳的蚂蚱逃走了，果果伤心地哭了起来，爸爸拿出了放大镜和帽子，对果果说："走！我们去找找它逃跑的路线。"对于果果而言，爸爸就像一个神奇的百宝袋，也像一个无所不能的大朋友，更像可靠的大船带着他在各种问题里遨游。"走出去"的果果、爱问问题的果果就像一块小海绵，爸爸陪伴着他一路行走一路发现新问题，他也不断吸收着新知识。每次果果的问题都会得到爸爸妈妈的回应，甚至有时候果果千奇百怪的想法也让爸爸妈妈赞叹不已。

＞ ＞＞ 1. 家长的陪伴，是对孩子成长最大的支持

案例中，果果的快乐是显而易见的，从果果爸爸的身上，我们看到他对孩子无条件的支持，更难得的是，为了孩子，果果爸爸自己还变成一个大孩子，了解孩子并做到尊重孩子。家长在养育子女的过程中由于受身份影响，往往认为孩子就是自己的附属品，孩子只需要乖乖听话成为一个好孩子。在许多场合，我们发现孩子喜欢用自己的行动去探索身

边的事物，而家长往往采取呵斥阻止的态度，甚至没有发现孩子正在专注地观察与思考。有时候孩子会问许多问题，并用极其迫切的目光望向爸爸妈妈，但得到的往往是一句冷冰冰的"不要吵，我们现在在忙"。

现代社会生活的压力让越来越多年轻的家长无法有更多时间和精力专注于自己的孩子，有些家长加班出差已经成为常态。在工作生活如此紧张的状态下，家长常常无暇与孩子聊天讨论，这都是现代社会生活变革下接踵而至的家庭教育问题。家长对孩子的爱只在满足一日三餐温饱，却忽略了建立对孩子的信任与支持，忽略从一个同伴的角度参与孩子的生活，仅仅是满足生存需要，这样对于爱的理解是狭窄片面的。家长对孩子的爱应该更加深沉，应该以宽容、接纳的态度面对孩子的好奇和探索，甚至为孩子的探索提供环境和材料，支持其提出问题并持续探索问题的答案。案例中的果果爸爸就是这样一位家长，正是家庭给果果创设了许多"走出去"的机会，为果果提供记录自己各种发现的小画本，与果果一起对收集起来的"宝贝"进行观察操作，才引发了果果无数次的学习与探索。

>> > 2. 家长的陪伴，应与智慧并行

3～4岁是孩子探知世界、培养好奇心和想象力的关键阶段，这个阶段的孩子虽然大脑发育已步入发育平缓期，但个体尚未完全成熟，因此，多给予外界刺激有利于大脑突触连接的扩张，有利于孩子思维能力的发展。这个阶段的孩子具有极强的探究欲，探索能让他们积累丰富的经验，这些经验将为以后的学习奠定良好的基础。从孩子长远发展来看，想象力比知识更为重要。3～4岁孩子的想象多为无意想象和再造想象，也就是对于孩子而言，想象这件事情的发生本来就是无处不在的，因此有时他们容易把现实和想象混淆。例如当孩子看见书中有一个特别好玩的游乐园，他可能会情不自禁地说："这个地方妈妈也带我去过。"当孩子发现衣服破了个洞时，他可能会说："这个是同学用火烧坏的。"这其实不是说谎行为，而是孩子还没能清晰地将想象和事实区分开来。3～4岁孩子的想象也是很零散的，有时候他们的想象天马行空、毫无关联，例如他们会在画上随意涂鸦，没有任何目的，一会儿画的是泡泡，一会儿又画出了好多动物。这个阶段的孩子可以通过语言的交流扩展其有意想象，

因此家长要多与孩子谈话，针对他们提出的问题进行聊天，倾听他们的心声。从某个角度而言，孩子的创造行为主要来自好奇心，这种好奇心在孩子幼时的抓握反射、探究反射中就已有所体现。我们常常发现，婴儿一旦发现新奇的事物，就会用手去触摸或用舌头去舔，可见孩子的好奇心是与生俱来的，对事物的探索从出生就从未停止。认知心理学认为，当个体原有的认知结构与来自外界环境中的新奇之间有适度的不匹配时，个体就会出现"惊讶""疑问""迷惑"和"矛盾"的反应，从而激发个体去探究。虽然 3 ~ 4 岁的孩子已有初步的感知思维能力和一定的经验积累，但周围许多事物对他们来说仍然是新鲜的，他们能注意并接触到的新事物越来越多，这将大大激发他们的好奇心，他们喜欢尝试玩以前没玩过的游戏、尝试做以前没做过的事情，并从中表现出创造性。

肯定孩子的问题是有价值的，鼓励孩子的猜想是有意义的，这有利于孩子形成良好的自我认知，有助于其自信心的建立。案例中果果爸爸面对果果的提问以及稚嫩的发现，都能用惊喜的眼光去看待，这给予了果果极大的激励，让孩子自身也沉浸于该问题当中，家长与孩子之间有了沟通的机会。因此，面对孩子的提问，家长可以这样回应：

"你的想法很有意义，确实很神奇！"

"我们一起试试看！"

"你觉得会是什么原因呢？"

"你观察到了什么？"

"你有什么发现呢？"

"妈妈（爸爸）跟你的一样吗？"

"我们一起去找一找！"

"你说得真好！"

案例二 尊重孩子的奇思妙想

4 岁的亮亮是个很有想法、很喜欢提问题的宝宝，他经常会问很多问题，还经常喜欢将家里的东西翻出来，去看看柜子里面有什么、盒子里面是什么。有一次亮亮发现家里的一个万花筒，他兴奋地对妈妈说："妈妈，妈妈，我发现水晶花啦！"亮亮妈妈回答道："傻孩子，这是万花筒，不是水晶花。"有一次，亮亮跟妈妈去公园玩，突然下起了雨，他问："妈妈，雨这么大，会把花园淹没吗？"亮亮妈妈笑着说："我的傻儿子，这点雨是不会淹掉花园的，有下水道呢！"有一次，亮亮跟妈妈去爬山，他惊喜地捡起一块石头说："这是魔法屋的魔法石。"亮亮妈妈大声呵斥道："哪有什么魔法石，都是骗人的，不能捡，脏！"亮亮原本欣喜的脸上惊奇的眼神里透露出一丝失望。亮亮妈妈每天都会跟他讲故事，在讲《母鸡萝丝去散步》时，亮亮指着母鸡说："母鸡妈妈知道有狐狸，它的眼睛是往后面看的。"亮亮妈妈听后看了看书中的文字，说道："不对，书上没有说母鸡看到了，别说话，认真听！"

由于亮亮妈妈是个全职妈妈，非常关注亮亮的教育问题，从亮亮进幼儿园起，亮亮妈妈就买了很多关于家庭教育和幼儿教育方面的书籍学习育儿经。与其他孩子的妈妈相比，亮亮妈妈有更多的时间与精力投入对孩子的教育当中，十分关注亮亮每个阶段的关键点和发展情况。亮亮妈妈还特别注意培养孩子的特长，为亮亮报名画画班。有一次，亮亮拿着一幅作品兴奋地跑到妈妈面前，说："妈妈，你瞧，这是我今天画的苹果车。这是一个很厉害的苹果车哦，它上面有很多洞，就像窗户一样！"亮亮妈妈看了看亮亮的画，又看了看其他小朋友的画，说："亮亮，虽然你画得这个不错，但是老师让画苹果，你以后要跟着老师做。"亮亮有些着急："妈妈妈妈，你快看，它就是苹果车。"亮亮妈妈继续说道："你看我们吃的苹果能做成车吗？"亮亮像是在争取胜利一般，说道："可以的，妈妈，它真的是苹果车，你看上面真的有洞！"亮亮妈妈无奈地一笑，说道："长大你就知道了。"

>> 1. 家长应尊重孩子的奇思妙想

亮亮妈妈对孩子教育是十分关注的，她了解家庭教育的基本知识，明白孩子各年龄段的特点，在家长中具有一定的代表性。亮亮妈妈明白要从小关注孩子，多与孩子交流，因此在生活中她会随时回应亮亮。亮亮正处于爱问好动的阶段，对身边的事物充满好奇心，同时喜欢问问题，喜欢刨根问底，亮亮妈妈从来没有拒绝与他交流，并且会经常引导亮亮了解一些知识，但她在引导时往往因固执于现实而忽略了亮亮心中的想象萌芽。从案例中可以看到，亮亮是个充满想象力的孩子，他很善于观察细节，能联系自己的经验进行想象。例如案例中亮亮认为自己画的是苹果车，是由于在平时玩玩具时，他有很多不一样的小汽车模型，其中有一辆车的外形就是半圆形的结构。亮亮是由于已有感知经验才引发了苹果车的想象，但亮亮妈妈忽略了对亮亮想象力的尊重。

❯ ❯❯ 2. 用理解与尊重的态度浇灌孩子的想象之花

其实每个孩子的脑袋里，都会有一个别样且丰富的世界，他们用自己的想象去丰盈它。不过，虽然 3 ～ 4 岁的孩子在想象的内容上逐步丰富，但其想象仍然存在零散、缺乏整体性的现象。例如一会儿想象自己是老师，一会儿又想象自己长出了翅膀。想象没有任何的目的性，这是该年龄阶段孩子的典型特征之一，其中小班孩子具有明显的共情能力。共情又称同理心，是孩子能够感知感受他人情感的一种能力，是孩子发展与人沟通能力的基础。

我们经常看到，当孩子随意拍打桌面时，部分家长会说："不能拍打桌面，等会儿桌子会疼的。"这其实就是运用了孩子的共情能力。孩子会将所有的事物赋予生命，因此就会把自己的感受迁移到桌子上，认为桌子的疼与自己曾感受过的疼是一样的，不再去拍打桌子。

另外，孩子的想象力不受意志控制，有目的的创造性想象在孩子幼儿园后期才逐步开始发展，因此家长要明确认知孩子的想象与创造这件事情，不能用刻板印象中的想象与创造去看待这个时期孩子的想象行为，从而去评价判断孩子的想象，而应给予孩子更多及时的肯定和关注，问问他们是怎样想的、为什么这样想等。当然，发展是一个由量变到质变的过程，家长也要注重循序渐进的培养，给孩子丰富的想象积累素材和感知经验，这对于孩子创造性想象和行为的发展十分重要。

部分家长在培养孩子的想象力和创造力时一味追求外显的形式，例如送孩子去上创造性思维、创意绘画等培训课。其实这些课对于孩子真正的创造力并不一定有促进作用，有些课的教学过程由于方法不当反而会造成负面影响。如果没有大量的经验，没有足够宽松的环境，没有站在一定角度看待孩子看似稚嫩的作品，就算真正的艺术品放在面前，我们也会难以辨认。

家长应该从 3～4 岁孩子经常出现的涂鸦入手，允许孩子有任意涂画的机会，并且倾听他们画上的故事，鼓励激发他们更好地表达。家里的墙面、桌面、地板也许都会成为孩子画作的载体，这让有些家长十分头疼。在不制止孩子创作的前提下，家长可以为孩子准备允许涂鸦的区域，让孩子有充分自由涂鸦的机会。经常会有人说，孩子绘画的思维是最接近艺术家的，从某个层面上确实可以这么说。因此，涂鸦是孩子最初的自我表达，也是孩子自我创作的最初阶段，家长应该关注并给予支持。

家长也要理解 3～4 岁的孩子情绪波动大，容易受到外界的影响，其想象力和创造力也会受到情绪和兴趣的影响，可能会受到促进，也有可能会受到制约。他们的情绪常常能够引起某种想象过程，或者改变想象的方向。例如，孩子和别人家的孩子一起画小红花，十分投入，也很高兴，这时候家长如果只是一味地表扬别人家的孩子，自己孩子得意扬扬的情绪就会受到影响，从而表现得很不高兴。过了一会儿，孩子就不想画了，只见画纸上的小红花已被粗黑线条涂没了。因此，在孩子动一动、画一画、做一做的过程中，不能用"他还是个孩子"的眼光去看待，对孩子的"创作"要如同对待艺术创作一样尊重。当然，也不能过分表扬或夸大，否则不利于孩子自我认知能力的发展。家长准确地评价、鼓励和支持是孩子创造力和想象力形成的关键因素。因此，面对孩子的"创作"，家长可以这样回复：

"你画了什么？你在做什么？"

"你是怎样想的？"

"宝贝画得真好，如果……会不会更好呢？"

"这原来是一只小白兔呀，大灰狼来了，小白兔要躲进哪儿呢？可以把它增加进去吗？"

"你的画真特别，有这么多不同的颜色，还有很多泡泡一样的圆形。"

案例三　委屈的琪琪

琪琪是个 4 岁的小女孩，在幼儿园有了很多新的朋友，每天琪琪回到家都会讲述在幼儿园发生的一切。琪琪妈妈是公司的工作人员，平时工作特别忙，每次琪琪兴高采烈地讲述时，琪琪妈妈都是不耐烦地敷衍几句："琪琪，妈妈现在有点忙，你自己去玩，好吗？"琪琪爸爸是名医生，平时工作压力大，回到家喜欢玩手机放松一下。琪琪抱着爸爸说："爸爸，你知道吗？昨天我看到艾莎公主了。"琪琪爸爸问："在哪儿看到的？"琪琪拿来她用棍子和胶泥做的艾莎公主，还有一本关于艾莎公主的书，琪琪爸爸说："哦，好吧，艾莎公主。"然后继续看起了手机。琪琪没有放弃，把艾莎公主的书凑到爸爸眼前，挡住了爸爸的视线。琪琪爸爸有些不耐烦地说："好好好，我已经知道了，你自己去玩吧！"琪琪没有停下来，继续说着艾莎公主带自己去探险的故事，就像昨天真的发生了一样。过了好一会儿，琪琪爸爸实在忍受不住了，说道："琪琪，爸爸很累了，你到别的地方玩好吗？而且你自己别乱说故事，艾莎公主是动画片里的人，是假的，不会到我们家的。"听到爸爸的训斥，琪琪委屈地哭了起来……琪琪的父母对于琪琪话多的特点十分苦恼，两人工作都很忙，希望回到家能安静地休息一会儿，他们愿意与琪琪一起玩，可是玩一会儿就感觉精力跟不上，也十分苦恼。琪琪的父母有些羡慕别人家安静的孩子，觉得琪琪这样整天话不停，以后上学不知道如何是好。琪琪家还有姥姥，琪琪的父母平时工作忙时，姥姥就承担起照顾琪琪的责任。琪琪的姥姥年纪大了，是一名农村妇女，文化水平不高。面对好问爱说的琪琪，姥姥也十分苦恼，每次琪琪问很多问题，姥姥也不知道怎么回答，只好说："小孩子问那么多干吗！""琪琪，你一天到晚都在想这些，哪还能好好学习呀！""小孩子别乱说话，会被别人笑话的！"

＞ ＞＞ 1. 家长应与孩子平等对话

琪琪的家庭模式在现代社会非常普遍，由于生活所需，父母都需要承担工作任务，工作压力十分大，无暇顾及孩子的教育问题。平时的养育任务主要落在祖辈身上，祖辈年龄大、文化程度不高，在养育上容易出现一些教育理念不适宜的问题。由于生活水平的提高，现在的孩子接触社会的广度和深度相对于以前的孩子有了巨大变化，他们的好奇心和求知欲的表达会更加强烈，同时对这个世界的认知也更为丰富，语言表达能力也十分凸显。因此他们经常喜欢讲述自己喜欢的事物、想象的事情，语言表达的频率提高了，程度也加强了。孩子如此的变化与父母无暇顾及之间存在巨大的矛盾，大量家庭都存在这样的问题。孩子没有"话语权"，只允许做"听话的事"，家长甚至希望孩子能变得安静乖巧一些，不要打扰家长难得的闲暇时间。孩子由此可能遭受到家长的要求、呵斥。因此，现代家庭中，家长能给予孩子更好的物质生活，但孩子精神生活的匮乏也逐步凸显出来。家长在忙碌的社会生活中忘记了孩子个体的独特性，也忘记了孩子的好奇心和求知欲是如此脆弱，需要我们认真对待、好好珍惜。

面对父母的不理解，孩子由于年龄限制无法准确用语言表达出来，但他们的心里是十分不安与失落的。案例中琪琪受到爸爸的呵斥，委屈地哭了起来，这就是一种失落情绪无法抑制的表现。3～4岁的孩子，身心还是十分脆弱而敏感的，他们对于社会和自我的认知判断，大多来源于成人对自己的态度。哭闹后的琪琪也许会得到家长暂时的安抚，但无数次的失望积累下，琪琪会逐步变得不太爱说、不太爱想，甚至成为家长期望的"乖宝宝""安静宝宝"，琪琪想象力和创造力的大门也会就此关闭，这将直接影响琪琪后期的学习与生活。

每个孩子天生都是一名创作家，成人是否有双会欣赏、能欣赏、懂欣赏的眼睛是十分重要的。家长对孩子表达、讲述的评价会影响孩子对自己的判断、对事物的判断。孩子的思维发展和语言发展是密切联系的，没有语言表达，孩子不可能发展其作为个体的理性思维。同样，没有思维过程，也就不可能产生语言表达。语言是思维的物质外衣，语言表达能力强的孩子往往擅长运用语言进行思维活动并表达思维，因此话多的孩子思维一般都十分敏捷、发散，他们对于世界的认知与感知更为丰富，即使他们也许表现得比较"调皮"，爱去摆弄操作物品，手脚都停不下来。同理，如果一个孩子语言能力弱，不太爱表达，语言词汇表达也不清晰，就很难有发达的思维能力。一个讲话混乱的孩子，思维也必然没有条理，甚至是混乱。一个人说话的能力从侧面反映的是他的思维能力，因此，培养孩子的语言表达能力，对发展思维能力特别重要。家长要鼓励孩子多想多说，而不是一味认为孩子很吵闹，认为这是不正常的表现，甚至训斥、制止。

》》 2. 家长应保护孩子的好奇心和求知欲

保护孩子的好奇心和求知欲，激发孩子的想象力和创造力，这是近年来家庭教育的热点问题。亲子共读是推进孩子语言表达能力发展的有效手段之一。对于家庭单位而言，亲子共读是十分重要的。我们这里说的共读，不是给孩子买一大堆绘本就可以了，而是以与孩子共读为基础，通过问题探讨的方式提升共读质量，与孩子共同阅读和理解这本书，甚至扩展这本书学习内容的广度和深度，实现更有品质的亲子阅读。阅读不应该只是单纯的听说过程，还应该是孩子学习思维的过程。言语表达既然是思维的一种重要的载体，那在阅读的过程中则更应如此。面对一本绘本，家长应该将自己转变为一名孩子的角色，不仅仅是带着孩子读，将故事说给孩子听，还应该关注书本呈现的图画、文字等，在过程中通过问题引发孩子的思考和探索。例如，家长可以这么问：

"这上面画了什么？你在画面上发现了什么？"

"你猜猜会发生什么事？"

"你为什么这么想？"

"你还想到什么？后面还会发生什么？"

"你认为什么是（朋友……）呢？"

"你觉得（他是开心的吗……）？为什么？"

家长要尽其所能地创设亲子共读的空间。即使很小的区域也能解决共读问题，关键在于环境无干扰性。例如，家长不能在与孩子共读时还在看电视或看手机，这些显然是不正确的做法。3～4岁孩子的思维是发散且无拘无束的，针对同一种事物往往会产生不同的见解。亲子共读要通过丰富的情境，为孩子提供良好的发散思维的发挥空间，通过这样的方式为培养孩子的创造力提供良好的氛围，在这种氛围下更能有效激发孩子自身的观察能力和想象力。创造力是一个逐步发展的过程，因此在亲子共读的过程中，应用结合动作的方式更好地激发孩子的表达欲望，引导孩子创造性行为的表达。例如，在阅读《会跳舞的树叶》一书时，引导孩子观察模仿书上叶子的动作后，再让孩子尝试做做自己的动作，问孩子树叶还会如何跳舞等。鼓励孩子将生活中接触到的材料进行再创造。为实现这点，家长要懂得如何选择适宜的书籍与孩子进行共读。3～4岁孩子以具体形象思维为主，因此所选书籍应以绘本为主，即图文并茂的图书，这种图书画面大，文字少；同时注意画面要丰富、清晰、多样，能准确表达故事内容，故事若有一定的重复性情节和明确的主题，更适宜这个年龄段的孩子进行阅读。孩子的阅读体系包含文字和图画两种符号系统，因此选择包含多样的绘图表现形式的图书，有利于孩子形成多元开放的表达。

了解孩子

想象是智力的重要组成部分，在认知活动中发挥着极为重要的作用，孩子的想象是在不断的认知实践过程中逐步形成的。可以说，没有想象，孩子就没有对事物的间接认识；没有想象，孩子就很难理解人我关系；没有想象，就很难满足孩子的情感需要；没有想象，孩子就很难理解事物，获取知识经验。想象力是孩子获取智力、走向学习的基础。皮亚杰将儿童发展分为四个阶段，即感知运动阶段、前运算阶段、具体运算阶段和形式运算阶段。3～4岁孩子处于感知运动阶段，并向前运算阶段过渡，该年龄段也是想象发展的最初阶段。想象过程完全没有目的，进行缓慢，想象活动开展之前不能形成想象的表象，想象基本是无意的，是一种自由联想，没有前后一贯的主题。

3～4岁孩子的想象力和创造力发展的主要表现：一是手脚停不下来，喜欢运用多种感官去认识事物，例如看一看、摸一摸、闻一闻、尝一尝等，因此容易让成人对孩子产生坐不住、动不停或容易犯错的刻板印象；二是爱问问题，随时都能产生"为什么"，但问题也是零散、稚嫩且毫无章法的，容易让成人觉得问题有些幼稚或不需要去了解；三是想象随时发生，孩子无法完全区分想象与现实，因此容易出现"撒谎"的假象，对自己认为正确的始终坚持，会有些执拗。

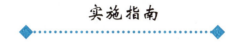

实施指南

一、当孩子表现出好奇时，需要家长给予关注和引导

3～4岁孩子对周围新鲜事物具有强烈的好奇心，他们的好奇心主要表现为好问问题。"这是什么？""那个有什么用？"他们看见不明白、不认识的东西都会问成人，这便是他们好奇心的表现。家长要正确对待孩子的提问，虽然这些问题对家长来说也许很幼稚，但对孩子自身发展有着极其重要的作用。在与孩子相处的过程中，家长需要对孩子的问题进行分类对待。对于定向性明确的问题，比如"这个是什么？这个叫什么"，家长可以直接回答；对于逻辑关系比较复杂的问题，比如"星星会眨眼睛，月亮怎么不眨眼睛"，家长需要注意引导孩子去观察、思考，帮助孩子根据已有经验找出答案。案例二中亮亮的妈妈虽然有尊重孩子的意识，但面对孩子天马行空的想法，她不会用一颗童心去看待；案例三中琪琪的家长完全忽略了孩子好奇的想法。因此，面对孩子好奇的表现，家长要放下身段，与孩子进行平等交流，针对同一事件，各自表达自身想法。用一颗童心去对待孩子各种好奇的行为，及时给予关注和引导，让他们对世界充满好奇心和探究欲。

二、当孩子表现出好动时，需要家长给予理解和支持

触觉是孩子认识世界的重要渠道。对于自己感兴趣的物品，孩子会通过触摸、摆弄等方式进行观察和了解。在这个过程中，往往会导致一些破坏的发生。对此，家长要正确处理，了解孩子行为的动机，不可简单粗暴地指责、批评，应该耐心引导。针对小班孩子的认知发展特点，家长要尊重他们的好奇心，对于他们提出的问题，不能讽刺和嘲笑，要

认真回答，并积极配合他们所做的事情。同时家长要注意开阔他们的眼界，如案例一中果果的爸爸，积极创造条件让孩子探索自然，多带孩子到公园、广场、风景区等进行户外活动。在游戏的过程中，让他们更多地接触大自然，了解未知，扩展他们的生活圈。让孩子与更多的同伴进行交流，发展孩子的社交能力，培养他们开朗、热情的性格，让他们了解同伴的想法，交流各自的发现，激发学习的动力，保持好奇心。

延伸拓展

阅读推荐

> >> 1.《问个不停的小鳄鱼》（作者：［美］埃莉莎·克莱文；出版单位：广西师范大学出版社）

推荐理由：绘本封面上的那只鳄鱼一副无忧无虑、天真烂漫的样子，很是惹人喜爱，绚烂的色彩很容易吸引小朋友们的注意。书中的图画精美，以点绘代替纯线条，显得柔和而充满诗意，创造出一种魔法般的轻快氛围。作者采用大量的红色、橘色、黄色等暖色让整本绘本显得格外温暖，图片中各种细节值得我们仔细欣赏。绘本中的句子采用儿童的口吻，从他们的角度提出问题，形成"要是……会怎样"的句式。在和孩子一起阅读的时候，可以让孩子发挥想象，尝试使用这个句式进行表达。

> >> 2.《别再多管闲事了，波兹！》（著者：［英］尼考拉·格兰特；绘者：［英］蒂姆·沃纳斯；出版单位：江苏少年儿童出版社）

推荐理由：对周围的世界充满好奇，满脑子的问题，这也要追问，那也要打听，这似乎是所有小孩子的天性。哪怕这种"多管闲事"的行为常常会使别人感到厌烦，他们依然不停地追问，乐此不疲。这本绘本讲述了一个关于好奇心的故事。作者没有用怪诞的造型，而是用和谐的色彩来表现这个故事，画面表达平和而流畅。在整本绘本中，画家使很多的蓝色、绿色与黄色相互穿插，偶尔用奔放的红色，如农夫的拖拉机，这样的色彩表现，对画面的舒缓节奏起到了调节的作用。整本绘本没有使用任何"不安"与"躁动"的色彩，在绘画语言的节奏上也有着潺潺清泉般的流畅与自如。这与绘本要表现的主题有关。绘本要表述的是关于儿童好奇心的主题，这是现实生活中儿童的常态。天真活泼的小猪波兹，正是现实生活中儿童的写照。儿童的世界充满问题而又愉悦欢快，作者所采用的绘画语言与儿童的天真烂漫是吻合的。

> >> 3.《好饿的毛毛虫》（作者：［美］艾瑞·卡尔；出版单位：明天出版社）

推荐理由：这本绘本适合 3～4 岁的孩子阅读，因为它重复的句子很多，适合刚接触读书的孩子，其中很多句子还略带些幽默感。在和孩子阅读的时候，可以尝试强调重复的句子，以便让孩子熟悉，之后再提示孩子自己说出重复的句子，以发展他们的语言能力和想象能力。这本绘本中透露出很多知识点，比如一个星期的排序，数字与数字的对应，数与量的对应，毛毛虫的生长规律，等等，可让孩子进行大胆猜想。在阅读的过程中，不要局限于书本，可以尝试帮孩子整理出书本外的知识内容。比如可以问问孩子"星期一过了，第二天是星期几"，帮助孩子了解"星期"的概念。在数量对应上，可以让孩子先数"星期一吃了几样食物"，孩子数完之后，再问"星期一吃了一样，星期二吃了两样，那星期三呢？星期四呢？"，引发孩子的想象。在毛毛虫的生长规律上，可以帮孩子整理出虫—茧—蝴蝶的变化过程，让孩子了解毛毛虫每个阶段的外形特点。

> >> 4.《品格的力量》（作者：［美］保罗·图赫；出版单位：湖南教育出版社）

推荐理由：我们通常认为孩子的成功与智力有关，因此家庭、学校、社会努力的目标也都在提高孩子的分数上，事实却并非如此。本书从心理学、教育学、生物学等多角度揭示孩子成功真正的奥秘是与品格有关的品质，这些品质包括坚韧、好奇心、责任心、乐观精神、自控力等。

> >> 5.《好奇孩子的科学书》(作者:[美]雅希雅·西特伦;出版单位:湖南教育出版社)

推荐理由:孩子们在问"为什么"的时候没有任何畏惧之心,所以他们可能是最好的科学家和探索者。本书提供了 100 多个需要动手的实验,使用日常物品即可操作,并指导家长与孩子动手尝试做一做有趣的科学实验,在问题的探究和实验操作中不知不觉感受和掌握关于科学、技术、工程和数学方面的重要知识与技能。

评估改进

一、自我评估

亲爱的家长,您好!看了这么多的案例与分析,您自己平时在与孩子相处的过程中是如何做的呢?请试着回答下面的问题,看看有没有需要改进的地方。

1.当孩子向你讲述自己的想法时,你会说(　　)

A. 爸爸妈妈在忙,你等等。

B. 你怎么那么多话,不要吵。

C. 这些你现在还不懂。

D. 你说的真有意思,再跟我多说些。

2.当孩子问你问题时,你会说(　　)

A. 这个问题爸爸妈妈也不懂,等上学去问问老师。

B. 小孩子问这个问题干什么?

C. 你自己想想。

D. 这个问题值得我们想想,我们一起去观察看看!

3.安排你与孩子的周末时光,以下你会如何选择?(　　)

A. 在家看电视。

B. 带孩子去上各种兴趣班。

C. 跟孩子来一场自然之旅，找找不同的叶子。

D. 去游乐场的淘气堡玩。

4. 跟孩子在公园玩时，孩子蹲下来对地上的蚂蚁产生兴趣，你会（　　　）

A. 督促孩子快点走。

B. 站在旁边玩手机等一会儿。

C. 蹲下来告诉孩子这是蚂蚁在运食物。

D. 与孩子一起观察，并且让孩子说说自己的猜想。

5. 面对在家翻箱倒柜、东拆西拆的孩子，你会（　　　）

A. 跟孩子一起观察，一起认识，让孩子了解什么东西能碰、什么东西不能碰。

B. 呵斥孩子不能动。

C. 随便孩子，只要不吵闹就行。

6. 你觉得哪个家长的说法是对的？（　　　）

A. 孩子那么小，能懂什么？

B. 他很喜欢撒谎，说假期我们去沙漠了，其实没有去。

C. 这个孩子有多动症，什么都要去摸一摸、看一看。

D. 孩子是有思想的个体，我们应该倾听他们说了什么。

7. 下列关于孩子创造力的说法，哪些是合适的？（　　　）

A. 孩子是有想象力的，我们要支持他们的创造性行为。

B. 这么小的孩子能创造出什么，不可能的。

C. 孩子用几张椅子摆成了一座桥，你立即制止了他。

D. 你跟孩子一起读书，让他猜猜还会有什么小动物来做客。

8. 当孩子反驳你说的话时，你应该说（　　　）

A. 小孩子要听大人的。

B. 你有什么别的想法？你为什么会有这样的想法呢？

C. 大人说话小孩不要插嘴。

D. 你说的是错的。

9. 当孩子拿他完成的作品给你看时，你会说（　　　）

A. 画得真棒！

B. 你这个画画错了吧！西瓜是这样的吗？

C. 你画的没有这个小朋友的好。

D. 今天的画很特别哦！快跟我说说，你为什么这样画呢？

10. 当孩子问你天上是否有嫦娥的时候，你会说（　　　）

A. 也许有哦！我们一起找找答案。

B. 你认为呢？为什么？

C. 那都是神话传说，不是真的。

D. 这跟你没有关系，自己去玩吧！

【评估参考】

1. 孩子的想法是很稚嫩而有趣的，家长要时刻对孩子的想法保持这样的兴趣，因此家长在面对孩子讲述想法的时候，应该用选项D的方式进行回复，让孩子感受到家长对他们所有的想法有极高的兴趣，这样的反馈会激励他们大胆想象并表达，语言表达能力和思维能力也会有所提升。

2. 孩子面对世界会有很多的"为什么"，建议家长用选项D的方式进行回应，陪伴孩子成长，通过"我们一起去观察看看"的方式让孩子在此过程中体验学习的乐趣。家长不应将责任直接推给幼儿园和老师，更不应忽视孩子的问题，导致孩子未来对学习缺乏兴趣和动力。

3. 周末是亲子交流的最佳时机，家长虽然平日工作很忙，但也不要将周末变成自我放松的机会，而忽略了与孩子的交流。建议家长在众多选择中尽量采取类似选项C的做法，与孩子一起共同发现、探讨有趣的事情，不要让电视、兴趣班和游乐场成为阻碍你与孩子建立情感的绊脚石，与孩子走进大自然感受生活的美好吧！

4. 孩子对身边事物充满好奇心，他们是最佳的观察者和学习者，作为家长要支持他们的发现，保护他们的各种有益的兴趣，为他们将来的学习奠定良好基础。建议家长按照选项 D 的方式进行互动。选项 C 中家长能做到尊重孩子的兴趣，并且会与孩子主动交流，但却忽略了让孩子主动发现和学习，直接将答案告诉孩子，会影响孩子学习主动性的养成。

5. 孩子是好动的，这种好动不是家长口中的"毛病"与"问题"，而是孩子探索这个世界的方式。家长应选择选项 A 这样的方式与孩子交流与实践，当然要在不影响他人和遵守规则的基础上进行，大声呵斥或置之不理都不适宜。

6. 家长经常会根据经验对孩子贴标签，忽略了对他们的认识和理解。父母作为在孩子成长过程中的重要支柱，要用选项 D 的方式时刻提醒自己。孩子由于年龄原因无法分辨真实发生事件和想象发生事件，可能会出现"撒谎"现象，但这不是真正意义上的撒谎。孩子的好动正是他们学习的方式，而不是家长认为的多动症，让他们停下手脚就像禁锢他们的脑袋。虽然孩子还小，但家长应该给予他们作为个体的尊重，要重视他们的好奇心和求知欲，才能让他们真正地不输在起跑线上。

7. 选项 B、C 中，家长不认可孩子的学习力与创造力，孩子充满想象的创造性行为也会被家长解读为"捣乱""不乖"，这会让孩子的心灵受到打击，不仅不利于亲子间的交流和依赖感的建立，更影响了孩子思维的发展。建议家长采取选项 A、D 的态度面对孩子的创造力表现，有助于家长成为孩子成长中的助力者。

8. 家长并不是权威，不应该高高在上保持"神"的姿态，用类似选项 A、C、D 的方式会让孩子滋生出叛逆的萌芽，不愿意与家长再交流。特别是当父母总是表达"家长都是对的"这样的理念时，极其违背与孩子之间建立平等、信赖关系的要求，建议家长用选项 B 的方式多倾听孩子的想法，让自己与孩子有话说，这对于孩子顺利度过青春期十分有利。

9. 孩子愿意与家长分享作品，说明他对家长是十分信赖与期待的，孩子渴望得到赞扬，这样的赞扬会让他们建立起良好的自我效能感，能激励他们获得更多成功。建议家长采取选项 A 和 D 的方式回应孩子，其中选项 D 的方式更好，不仅肯定了孩子作品的价值，而且可以引导孩子发现画好的方法，这样既能让孩子获得成功的体验，也能让他们学会总结并归纳方法。

10. 孩子的学习并不是简单地学习知识，而是在积累经验，丰富的生活经验对孩子成长后期的知识学习有帮助。对于幼小的孩子而言，知识的准确性不是第一位的，重要的是是否敢于提出自己的想法和发现，是否能主动进行探究，这才是决定逐步成熟后的他们是否能适应学习生活的关键。家长应该多用选项 A 和 B 的方式与孩子交流，在此过程中关注他们的想法和为什么这么想，而不是想法的正确性。通过家长对孩子逐步探究过程中的陪伴，孩子会逐步感知并获得准确的经验，这有利于其未来的发展。

二、改进计划

请您根据本专题所学，针对平时对待孩子好奇心、求知欲时出现的问题，拟订一份改进计划。

第六专题　　家庭公约守规矩

亲爱的家长朋友，您家有家庭公约吗？看到"家庭公约"四个字，您想到了什么？约定？规矩？家风？家训？家规？家庭公约可以理解为家规，是家庭成员经过共同讨论达成一致的意见，并且共同遵守的规定。

中华文明源远流长，中国人一向重视家风建设。《孔子庭训》《朱子家训》《颜氏家训》《曾国藩家训》等治家格言，反映了古代先贤"修身、齐家、治国、平天下"的处世哲学，体现了仁、义、礼、智、信等中华优秀传统文化的精髓。习近平总书记对家庭、家教和家风建设有许多论述，如"家风是一个家庭的精神内核""家风是社会风气的重要组成部分""帮助孩子扣好人生的第一粒扣子，迈好人生的第一个台阶"。看来，家风不只是我们小家的事情，也关系着大家的和谐。良好的家风源自家规所形成的家庭公共行为习惯。

"不以规矩，不能成方圆。" 3～4岁的孩子脑部迅速发育，好奇心、求知欲、模仿力强，为其社会认知和生活自理能力的培养打好了基础。家长要做的就是帮助孩子树立规则意识，引导孩子积极参与家庭生活，共同讨论家人的行为规范，形成家庭公约，并且和孩子一同遵守。

您是否有兴趣了解家庭公约的相关内容，学习家庭育儿的一些理念和方法？或许您能够从中解开一些疑惑，获得一点启发，从而拓宽科学育儿的思路。

案例分析

案例一　我就要看电视

"吃饭了，吃饭了，准备吃饭。"爷爷在厨房一边忙活一边催促，奶奶擦桌子、搬椅子，妈妈放下手机，一起张罗着盛饭端菜，窝在沙发玩手机的爸爸从沙发上起身，对着还在看电视的兜兜说："关电视，吃饭。"3岁的兜兜就像没听见一样，依然津津有味地看着电视。"听见了没有，吃饭，关电视！"爸爸的嗓音明显拔高，但兜兜还是纹丝不动。"我跟你说话呢，你听见了没有？走，去吃饭！"啪！爸爸把电视关了。兜兜身体往沙发上一仰，闭上眼睛咧开嘴哭了。"打住了，我看你敢哭！"爷爷奶奶眼巴巴看着，妈妈上前规劝："好啦好啦，赶紧吃饭，爷爷做的饭菜可香了，再不吃的话一会儿就凉了。"兜兜不情愿地跟随妈妈来到餐桌旁，坐到餐椅上瞅着饭菜发呆。爷爷赶紧把兜兜爱吃的西红柿炒鸡蛋往兜兜跟前推，奶奶也将兜兜最喜欢的肉丝炒土豆丝夹到兜兜碗里。爸爸妈妈低着头一边吃饭一边看着手机，一个玩游戏，一个追剧。兜兜无精打采地吃了几口，又悄悄从椅子上滑下去，拿起电视遥控器。爸爸发现了，呵斥道："我看你敢再开电视，不吃是吧？那就饿着。""哇——"兜兜又大哭起来。奶奶赶紧起身端着饭碗，上前搂住兜兜，说："来来，咱们一边看电视一边吃。""走走走，不吃了，赶紧回家，看我怎么收拾你！"爸爸气呼呼地从奶奶怀里拽起兜兜。妈妈一边扒拉爸爸一边气愤地说："你这是干什么！每次一到吃饭就找不痛快。走，儿子，回去妈妈给你叫外卖。"兜兜被爸爸妈妈带走了，爷爷"啪"地把筷子拍到桌子上，奶奶眼里含着泪，爷爷奶奶呆呆地面对着一桌子饭菜。

兜兜被爸爸妈妈带回家，爸爸让兜兜和自己面对面坐好。"看着我。"兜兜低着头，不敢抬眼。"我让你看着我。"爸爸动手扳正兜兜的头，兜兜被迫抬起眼睛，嘴一撇，泪眼汪汪。"给我憋回去，就知道哭。打住了。"妈妈想上前阻止，被爸爸生硬地扒拉到一边。"我问你，今天你做得对不对？说，对不对？""不对。""下次还这样不？""不了。""下次再让我说第二遍，看我怎么收拾你。"妈妈赶紧打圆场："好啦好啦，我们宝贝知道错了，想吃什么呀？走，咱们去吃兜兜最爱吃的大鸡排。""不，我要吃冰激凌，你赶紧带我去！"

＞ ＞＞ 1.因爱而聚，却为何总是不欢而散

专横的爸爸、娇纵孩子的妈妈和奶奶、压抑的无能为力的爷爷、任性却无助的孩子。家，原本是爱的港湾，家人们却常常在面对孩子教育的大事小事中因为分歧而最终不欢而散。大家各自都是怎么想的呢？

爸爸：这熊孩子，看电视没看够，叫你就跟没听见一样，太不把我这当爹的放在眼里了。小小年纪就这样，这还得了吗？再大点儿还不反了。你妈惯着你，你爷爷奶奶更是什么都顺着你，这家里我再不镇着你，你还有规矩吗？你以为当着爷爷奶奶的面我就不敢管你了吗？哼，越较劲，我就越得掰掰你的刺！

妈妈：唉，宝贝一看电视就什么都忘了。这小的怎么劝也不听，大的一见孩子这样就火冒三丈，一到吃饭没几回不闹气的。孩子这么小，哪禁得起他这么吓唬，我再不护着点儿，这孩子还不吓傻了呀。

奶奶：这孩子一哭简直是摘我的心哪！别说是孩子了，那么阴沉的脸、那么高的嗓音我都害怕。跟提溜小鸡一样就把孩子给拽走了，这回去还不知道怎么教训孩子呢。

爷爷：折腾半天把饭菜做好了，你说他们进门后都干什么了，吃饭脑袋也抬不起来。就知道管孩子，不让看电视，怎么不看看自个儿，什么时候不是拿着手机？

爷爷奶奶敢怒不敢言，火气压抑在心里，就像一颗定时炸弹一样，不知道什么时候会被引爆，到那时每个家庭成员都会遍体鳞伤。

＞ ＞＞ 2.孩子为什么那么爱看电视

事情的起因表面看起来是孩子沉迷于看电视，但孩子为什么那么爱看电视呢？大部分孩子都喜欢看动画片。其实这也不难理解，首先，小孩的思维特点是直观形象，动画片画面动感，色彩鲜艳，形象可爱，充满童趣，深受孩子们喜欢。其次，孩子兴趣爱好少，除了电视，再没有

别的事情可做。再次，陪伴少是孩子爱看电视的又一个原因，而这往往是由于家长的陪伴少：许多家庭里，家长有的是在忙工作、忙家务，有的是忙着看手机，自己沉溺于手机里，就把孩子交给了电视。

>> >> 3. 爸爸妈妈，你们对自己管得够不够好

家长要求孩子该做什么，不该做什么，那么，家长控制自己的行为了吗？

家长玩手机是再普遍不过的现象了，兜兜爸爸指责孩子不吃饭只顾着看电视，自己却是吃饭睡觉手机不离手。其实最应该反省的是玩手机的爸爸妈妈。孩子模仿力强，判断是非的能力却不成熟，父母是他们身边最亲近也是最为信赖的人，所以孩子看样学样，可见，父母的一言一行都在影响着孩子。

>> >> 4. 专制真的管用吗

很多人也许会像兜兜爸爸一样，认为专制是很管用的一种方式。然而，表面看起来的确起了作用，但这样的问题以后也能避免吗？

兜兜爸爸严厉生硬地制止了兜兜看电视的行为，却没有从根本上解决问题。其实孩子和成人一样，也不愿意总是被告知要做什么、不要做什么，这样的发号施令只会让人感觉不被相信、不被尊重。这样的不尊重不仅伤害了孩子的自尊，而且阻碍了孩子的成长。当你替孩子解决问题时，孩子渐渐就会不相信自己有办法、有能力解决问题。案例中情况确实如此，兜兜不但没有改变，反而更加剧了他的任性。只要爸爸不在场，他就无所顾忌，反正除了爸爸他谁的话也不听，近乎报复性地加长看电视的时间。

>> >> 5. 纵容会有什么后果

同爸爸的专制形成鲜明对比的是妈妈和奶奶的娇纵，她们的观点是以孩子高兴为原则，不让孩子受委屈，不让孩子失望、受挫折。她们认为孩子还小，受不得风吹雨打，"树大自然直"，等孩子长大了，自然就明白自己该怎么做了。殊不知，0～6岁正是孩子习惯形成、个性培养的关键时期，行为养成习惯，习惯养成性格，性格决定命运。坏习惯一

旦养成，将很难纠正，有可能贻误终身。

兜兜一边害怕着爸爸的强势，对爸爸唯唯诺诺，一边又对妈妈十分蛮横。他从爸爸那里受到的压抑，终于找到了一个突破口释放，借此显示自己不仅被人控制，自己也能控制别人。兜兜对自己的行为没有丝毫是非判断的能力，不知道哪里是界限。这样的家庭教育环境将会造成兜兜畏惧权势、胆小退缩，同时欺软怕硬、叛逆骄横的性格。

您看，一个家庭如果没有约定的规则可遵守，没有科学一致的育儿观念和方法作为指导，孩子就不能够健康发展，家庭关系也面临着重重危机。

〉 》 6.尊重理解，把主动权交给孩子

遇到类似情况，我们不妨坐下来，把孩子轻轻揽在怀里，陪他看一会儿动画片。我们可以这样说："宝贝，《超级飞侠》真是挺有意思的，它们的名字你记得可真清楚。这里边谁的本领最大？哦，我记得上次爸爸停车没车位，你说：'我就是超级飞侠，我来帮助你。'不过看电视时间长了，对眼睛不好。你打算再看多长时间？好吧，再看5分钟。宝贝真不错，能够自己掌握看电视的时间了。"

孩子独自看电视，实际上他们是孤独的。守着孩子坐下，陪他们一起看，给孩子温暖，这并不等同于纵容。了解动画片内容，感受孩子的兴趣，走进孩子的精神世界，和孩子拥有一些共同的语言密码，这是非常必要的。朱永新老师说过，父母和孩子要拥有共同的语言密码，不做一个屋檐下的陌生人。如果您能再和孩子聊一聊动画片的内容，和孩子产生共鸣，那么，您就更加进一步地和孩子在感情上贴近了。如此，孩子必然信赖您，您进而因势利导，孩子便很容易接受您的建议。

案例二 奶奶生病了

"妈妈，你怎么哭了？"暖暖看着妈妈红肿的眼睛，担心地问。"没事，宝贝，妈妈一会儿就好了。"说着妈妈的眼泪又流了出来。"妈妈，

是奶奶生病了吗？爸爸打电话我都听见了。"暖暖的奶奶前几天在县里体检，发现乳腺有硬块，刚刚在省医院做了进一步检查，确诊是恶性肿瘤，所幸发现得早，但是也需要尽快手术。爷爷和爸爸都在医院陪护着奶奶。

周六，妈妈带暖暖来到医院。奶奶看到暖暖就想抱，暖暖拉着奶奶的手说："奶奶，我带来了好几本书，我给你讲故事吧。"奶奶的检查项目都进行完了，预约好周一手术。随后，一家人来到公园游玩。有耐心的老伴、懂事的儿子、孝顺的儿媳，更有乖巧的孙女陪伴，奶奶的心情好了很多。第二天，周日，暖暖和妈妈要回家了，临上车，暖暖向奶奶一边道别一边握紧小拳头说："奶奶，你要乖哦！奶奶，加油哦！"周一下午，妈妈从幼儿园接回暖暖后和爸爸视频通话，关切地询问奶奶手术情况。视频那头出现了奶奶的身影，奶奶手术非常顺利，已经回到病房。妈妈刚一张口说了一声"妈"便哽咽了。暖暖接过手机："奶奶，你真棒！奶奶，还疼吗？你能喝水，能吃饭了吗？"奶奶笑着和暖暖招手，爷爷拿着手机，爸爸拿着杯子准备给奶奶喂水。每天，暖暖都会和奶奶视频，奶奶说得最多的一句话就是"暖暖，奶奶有你的鼓励才勇敢、不怕疼"。

暖暖一家生活在农村，在暖暖一岁的时候，爸爸妈妈就去市里打工，暖暖跟着爷爷奶奶生活。两年后，妈妈又怀孕了，爸爸决定让妈妈回家，靠着打工积攒的一点钱，准备在村里开一个小超市。爷爷奶奶非常赞成，赶紧拿出积蓄，一起操办着把小超市经营起来。平时，妈妈照看超市，爷爷接送暖暖上幼儿园，还帮着进货。奶奶洗衣做饭、收拾家务。有时，爷爷奶奶心疼暖暖妈妈，想替换她让她多歇歇，可妈妈并没有接受，她知道上了岁数的人晚上睡不好，应该白天打个盹补补觉，而且老人喜欢串串门聊聊天。每天午睡后，妈妈总是让奶奶玩玩麻将。

奶奶记得最清楚的是每个人的生日，到了生日前一天，奶奶就要发一盆面，蒸出一锅寿桃。大寿桃出锅后，暖暖总是和奶奶一起在寿桃尖上抹上红红的胭脂。爷爷最拿手的是手擀面，长长的、细细的面条又滑溜又劲道，每个人碗里还卧着两个连在一起的荷包蛋，爷爷把筷子搁到碗的左侧，管这叫"长命百岁"。爸爸妈妈把每个人过生日这一天都拍好照片留作纪念，按照时间顺序装进专属的相册。

　　过年的时候，暖暖的幼儿园放假了，爷爷奶奶说他们照看超市，让妈妈带上暖暖去找爸爸。虽然爸爸每天和家里视频通话，这个约定爸爸再忙再累也不会忽略，但是暖暖太想见到爸爸了。到了市里，妈妈特意去了旁边的服装批发市场，那里有几个店主都认识暖暖妈妈，他们知道，暖暖妈妈逢年过节都要给老人添置衣服。暖暖妈妈把新衣服拿给奶奶时，奶奶嘴里一边说着"上了岁数还要什么新衣服，现在的衣裳也不旧不坏的"，可一边还是高兴地穿上了新衣服，周围邻居夸他们有个好媳妇，爷爷奶奶笑得合不拢嘴。

　　好家风需要用心经营，需要一定的家规做基础，需要长年累月的积淀。好家风一旦形成还会代代相传，造福后代。

　　老有所养、幼有所育，是每一个家庭的福祉。

　　一天，幼儿园老师打来电话说，暖暖午睡尿床了。爷爷赶紧给暖暖拿去替换的衣服。妈妈没有太在意，觉得小孩子可能是玩累了，但是第二天暖暖又尿床了。晚上，妈妈问暖暖怎么回事，暖暖低着头哭着说："妈妈，我太丢人了，没有管好自己。"一周内，暖暖居然尿了三次床，老师也纳闷。暖暖平时很懂事，老师担心伤害孩子自尊心，所以，每次发现孩子尿床都是轻声细语，并没有责备。正好该孕检了，妈妈带暖暖去了医院。医生听了暖暖妈妈的诉说，又询问了近期家里的情况，告诉暖暖妈妈暖暖现在这样的状况极有可能是因为家人的忽视。孩子不会表达，也不太清楚自己内心的需求，但是潜意识里是存在这样的渴望的，所以就直接通过生理反应表现出来，传递给家人一个信号。的确，奶奶手术出院后，情绪并不是很稳定，家里人都想方设法开导奶奶，陪伴奶奶；妈妈因为怀孕月数越来越大，身体特别容易乏累，所以大家的关心主要集中在奶奶和妈妈身上，而对暖暖缺少了关心和照顾。

　　妈妈和爸爸通过电话，商量了一个新的约定：每天晚上临睡前利用20分钟的时间进行亲子阅读。这个约定告诉爷爷奶奶和暖暖后，大家都特别赞成，尤其是暖暖，别提多高兴了。爸爸负责买书，爷爷和妈妈主要负责讲述；奶奶也不甘落后，因为奶奶珍藏着许多朗朗上口的童谣，而爸爸可以通过视频一起参与。每一个温馨的夜晚，暖暖家有书声、有笑声。暖暖的小问题当然很快就解决了，我们有理由相信暖暖在这样一个与爱相约的家庭里，有足够的力量和信心面对未来人生的风风雨雨。

案例三　浩浩去做客

一天，浩浩妈妈说："浩浩，你兰兰阿姨生了小宝宝了，我带你去她家玩啊。"浩浩不等妈妈锁门就飞快地跑到街上。妈妈急着在后面追赶，好不容易才抓住了他。路上，遇到妈妈的朋友大萍阿姨，妈妈和她说着话，浩浩使劲拽着妈妈的手催着要走。见妈妈没理他，他就冲着大萍阿姨"呸呸"吐唾沫，嘴里还说着"丑八怪"。妈妈还想说什么，大萍阿姨说有事就离开了。

来到兰兰阿姨家，小宝贝在睡觉，浩浩拿起婴儿摇铃就晃起来，妈妈只顾看小宝贝，和兰兰阿姨说话，见浩浩实在闹腾，便挥着手说"出去出去"。一会儿，只听客厅"哗啦"一声，原来是浩浩坐到了婴儿摇篮里。浩浩看到婴儿床悬挂的气球，嚷着"我要气球，我要气球"。兰兰阿姨给他解下一个，他在屋里又是抛，又是追，"噔噔噔"地跑动。突然"啪"的一声，茶几上的水杯被碰到地上打碎了，妈妈出来平静地说："儿子，你听，玻璃掉到地上就是这个声音。"这时，有人敲门，原来是楼下的邻居找上门来，说家里的老人被搅扰得快犯心脏病了。浩浩妈妈这才带浩浩离开。

>> 1. 熊孩子的身后大部分都是熊家长

孩子是家庭的一面镜子，孩子的一举一动无不透露着家长的影子，每一个问题孩子的背后很可能是一个问题家庭。浩浩家是一个单亲家庭，浩浩不满一岁，父母就离异了。离婚的时候，因为抚养权、财产等问题，父母双方闹得不可开交，最终浩浩奶奶可以说是把他们母子扫地出门。所以，浩浩妈妈在历经婚姻失败、亲情破碎之后，心存这样的观念：越是强势的人越没人敢惹，越是吃亏忍让越是没人看得起，不被当回事。于是，她对待浩浩从来不加约束，想干什么就干什么。周围人看他们母子过得不容易，一般也不计较。亲戚朋友也都是忍让，不跟她一般见识。这样，浩浩妈妈误以为自己的理念很正确，没有自知之明。

＞ ＞＞2. 小树要修，孩子要管

小树不修，就会疯长。要想得到参天大树，培育有用之材，就得不断修理多余的枝杈，集中养料供给主干。小孩的成长也是同样的道理。孩子对于世界懵懂好奇，一切新鲜的刺激都在吸引着他们去尝试、去探索。但是，因为认知所限、生活经验的欠缺，他们对事物的是非判断能力极为有限，容易出现不良言行。作为家长，应该端正自己的价值观念，及时发现并修正孩子的不良发展倾向。

社会是由各种关系构成的，家庭是社会最小的组织单位，亲子关系是孩子最早接触的社会关系。孩子在成长中，要学习处理各种关系：和自己的关系，包括自信、主动、自觉等；与他人的关系，包括乐群、互助、合作、分享、同情等；和群体或集体的关系，包括遵守规则、爱护公物和环境等。

在一定的社会环境中，人与人的相处有相应的行为规范，要遵循大家约定俗成的社会规则。学习并掌握社会规则是孩子走向社会并顺利适应的必要功课。比如做到文明礼貌，看似生活中的小事，其实反映着一个人的精神面貌、家庭教养和文化素质。父母是孩子的第一任教师，也是孩子一生的教师。作为单亲家庭的爸爸或妈妈，为了孩子的健康成长，更应担起双倍的教育责任。

"人之初，性本善。性相近，习相远。"《三字经》这部优秀的国学经典流传了七百多年，对后人仍然有很大的启示作用。人出生之初，禀性本身都是善良的，天性也都相差不多，只是后天所处的环境不同和所受教育不同，彼此的习性才形成了巨大的差别。浩浩妈妈因为生活的波折而受到伤害，她既然争得了孩子的抚养权，一定期望着母子俩把日子过好，更期望浩浩能有一个美好幸福的未来。浩浩妈妈完全可以尝试改变自己的认知观念，摆正生活态度，改变教育方法。在情感上接纳，在要求上明确，在执行上有原则，帮助浩浩学习待人接物的技能，将来浩浩才能够在家庭中处理好亲子关系，在学校里处理好师生关系、同学关系，在社会上处理好领导关系、朋友关系、同事关系。总而言之，行得端、走正途，才能够和这个世界的人、事、物友好和谐相处。

了解孩子

一、自我意识的发展

孩子出生后的第一年就能把自己和外物分开，产生了主体"我"。1～2岁，儿童已经开始学会说话，称自己为"宝宝"，标志着客体"我"的产生。2～3岁孩子开始用"我"称呼自己，说明自我意识已经萌芽。人的自我意识是由知、情、意三方面统一构成的高级反映形式。"知"是指自我认知，"情"是指自我体验，"意"是指自我调控。自我认知属于自我的认知成分（包括自我概念、自我分析、自我评价等），自我体验属于自我的情感成分（包括自尊、自信、自卑等），自我调控属于自我的意志成分（包括自我检查、自我监督、自我控制等）。3岁半的洋洋回家跟妈妈说："妈妈，我今天丢人了，摔了一跤特别疼，没有忍住，哭了，小朋友们都看见了。"看，这么小的孩子对自己哭的行为有了一定的认知，并且评价自己的表现为"丢人"，这是一种内疚的情感体验。"没有忍住"是洋洋对疼痛的控制力的判断。

但是，因为孩子这个阶段自我评价和自我体验刚刚萌芽，自尊水平较低，所以自我意识不是很明确、很稳定。影响孩子自尊发展的因素有很多，其中一个重要的因素就是父母。父母对待孩子的态度会直接影响孩子自尊的形成和发展。父母充分的理解、真诚的尊重、耐心的倾听、热情的鼓励、积极的引导，会使孩子明白他们是有能力的、被尊重的。

二、较强的模仿能力

3岁的孩子脑部发育迅速，处于学习发展的重要时期。他们好奇心强，对事物感兴趣、爱探究，最显著的一个特点就是模仿能力强。模仿学习，这是一条重要的学习途径，但是受思维水平、社会经验、道德认知等能力所限，孩子对模仿行为的对错分辨能力差。

案例二中的暖暖，看到爸爸妈妈体贴地照顾老人，也学着给生病的奶奶送去鼓励和安慰，帮着奶奶做家务，这些模仿都让暖暖习得了优良的个性品质。反之，有很多孩子，因为爸爸妈妈整天手机不离手，他们才迷恋手机，失去其他学习兴趣。

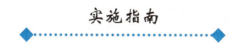

实施指南

一、尊重平等，共同商讨定公约

家长要像对待同龄人一样平等地对待孩子，诚恳征询孩子的想法，认真聆听孩子的表达。平等尊重并不是绝对地听从。可能孩子的认识是片面的、模糊的，甚至是错误的，但是没关系，家长可以帮着指导修正。家庭成员把各自的想法和计划说出来，再经过解释、讨论、增减等，最终形成家庭公约。比如，孩子爱看电视的问题可以通过家庭公约解决。一家人商定约定，爸爸妈妈下班回家就把手机放到橱柜上，不再随便看手机。还应征求孩子意见：你打算看多长时间电视呢？可能孩子并不清楚时间概念，可以准备一个沙漏或者一个电子时钟来计时，帮助孩子感受时间，与孩子约定：当这个沙漏漏完就关电视，并让孩子记得自己关。在相互尊重和共同承担责任的基础上建立起来的约定，一定远比专横的控制更为有效。

二、量力而为，公之于众来执行

制订家庭公约的目的是建立规则意识，保障孩子的身心健康，培养良好的行为习惯，促进家庭幸福和睦。内容可以涉及规律作息、家务劳动、待人接物、文明礼貌、尊老爱幼、读书学习、生活习惯等方面。初次试用家庭公约，最好不要太多条款。应结合家庭实际问题，确定重点解决的两至三条，根据执行情况再逐渐增多。另外，家庭公约最好利用图文结合的形式做成海报，张贴在家里醒目的位置。公开的承诺，看得见的约定更有利于执行。

三、随时提醒，规则培养不放松

因为孩子年龄小，心理发育不成熟，自我控制能力还很欠缺，所以即便约定是孩子自己制订的，孩子也不能很好地执行。因此，建议家长运用"提前约定、过程提醒、事后鼓励"的方法，帮助孩子建立规则意识。比如孩子看电视之前，提醒孩子观看的时间。过程中，特别是最后的一两分钟，示意孩子时间就要到了，让孩子有个思想准备。若孩子自己按时关掉电视，记得要表扬鼓励。当然不一定是物质奖赏，也可以是口头表扬，还可以制一张表，贴在墙上，完成得好就奖励一颗星。

四、遵守约定，父母示范好榜样

家长的言行举止都一览无余地展现在孩子面前，在孩子眼中，家长的权威至高无上，家长是没有错的。家长好的地方，孩子学着，但是，家长的不良言行，孩子不会过滤掉。所以，正人先正己，家长一定要为孩子树立好的榜样。爸爸妈妈在家庭公约面前要为孩子起到榜样示范作用，如果约定大家按时起床，那么爸爸妈妈就不能睡懒觉；约定不挑食、不浪费，那么爸爸妈妈就得均衡膳食，不剩饭菜。

五、目标一致，不可一个西来一个东

意见不一、各自为政的问题在一些家庭里非常明显。比如父母专制，隔代长辈纵容。解决的办法是大家各自发表意见，最后统一想法，形成共同的约定，成为家庭行动准则，而且不能随意改动。这一点，老人做起来有一定的困难。比如，有的孩子因为吃糖过多，牙齿出现问题，长了蛀牙。于是，家里约定谁也不能再给孩子买糖了。但是每次爷爷奶奶去超市，看着孩子巴望求助的眼神，总觉得孩子可怜，便偷偷地买，允许孩子躲着爸爸妈妈吃。这样不仅给孩子的牙齿健康带来更大的危害，

同时也不利于孩子的心理健康。

六、家庭会议，有爱有趣有欢乐

我们中国人特定的文化习俗影响了我们的个性特点，我们情感含蓄，不善于表达。家庭场合一旦正式了都不自在，因此，对家庭会议也往往难以习惯。但是，爱其实是需要表达的，家庭成员是需要沟通的，大家的心灵是需要彼此映照的。所以，可以尝试着召开家庭会议。以下提供几种方式作为参考。

家庭格言——每人选择自己喜欢的、给自己带来方向与力量的文字，写下来。当然，3岁的小朋友可以认真聆听。家庭会议上大家一起读格言也很有仪式感，让人充满激情。

感谢纸——把要感谢的人和事写在上面。

娱乐节目单——大家各自展示自己的才艺，可以唱歌、跳舞、朗诵、展示书法、演奏器乐等。

衣食住行计划表——商讨家庭消费，确定出游计划，等等。

建立家庭会议档案——准备一个袋子，把全家福贴在上面。每次的会议记录和文档都收录入档，这将是一笔无价的财富。

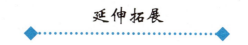

延伸拓展

阅读推荐

> >> 1.《正面管教》（作者：［美］简·尼尔森；出版单位：北京联合出版公司）

推荐理由：该书的核心内容是"如何不惩罚、不娇纵地有效管教孩子"。这本书针对家长的众多问题，理论联系实际，进行浅显易懂而又透彻深刻的分析。这本书将帮助家长正确认识孩子和自己的心态和行为，学习获得正面引导孩子的方法。家长真正懂得自己过去的做法、想法存在的错误与偏差，更加清楚地知道今后应该怎样做，才会对孩子、对自己、对家庭更好。

> >> 2.《杰瑞的冷静太空》（著者：[美] 简·尼尔森，[美] 阿什莉·威尔金；绘者：[美] 比尔·肖尔；出版单位：北京联合出版公司）

推荐理由：小男孩杰瑞因为摔了一跤，打碎了为爸爸生日做的陶碗，回到家后大发脾气。在妈妈的引导下，他建立了自己的"冷静太空"，学会了控制自己脾气的方法。本书是一本适合亲子共读的绘本，能让孩子学会情绪管理，让家长更好地理解"冷静"的作用和方法。

> >> 3.《和甘伯伯去游河》（作者：[美] 约翰·伯宁罕；出版单位：河北教育出版社）

推荐理由：这是一个关于树立规则的绘本，从侧面的角度告诉孩子做任何事都有规则，不遵守规则就会惹出大麻烦。作者把"守规则"看作和大众的平安相关的经验。从这个绘本故事中，孩子学会爱、学会宽容、学会乐观、学会遵守秩序。书中透露出一种自由的气息，真正地爱孩子，就要给他们自由，不做太多限制，让孩子充分表达出他们内心的真实感受。整个故事透露出让事情顺着本性去发展，不做太多的限制和反应的态度。

与孩子一起分享这本书，其实是共同学习"接纳与宽容"的相处之道。书中各种动物的神态，反映着不同孩子的典型个性。读过这本书之后，家长可以更融洽地跟孩子一起做游戏，和孩子玩在一起。

> >> 4.《我永远爱你》（著者：[英] 牡丹·刘易斯；绘者：[英] 彭妮·艾夫斯；出版单位：外语教学与研究出版社）

推荐理由：阿力是个时常淘气的孩子。妈妈面对他一次又一次的惹事，不厌其烦地向孩子保证"永远爱你"，同时又不忘补充："不过你要对自己的行为负责。"这是有原则的母爱，而非无原则的溺爱，非常令人赞赏。阿力的妈妈给了家长们很好的启示：爱是需要原则的，但有时要毫无保留。可是如何掌握尺度与分寸呢？这个功课还得留给家长们来做。

> >> 5.《生气汤》(作者：[美]贝西·艾芙瑞；出版单位：明天出版社)

推荐理由：这本书讲述的是这一天小男孩霍斯过得很不高兴，他带着一肚子怒气回家。他妈妈说要煮汤。当水滚开时，妈妈对着锅子大叫，她让小男孩也照样做。他们还一起对着锅子龇牙咧嘴、吐舌头、大声敲打锅子。最后，小男孩笑了，心里也快活多了。

有时候，孩子难免处在负面的情绪当中，成人应该试着了解和接纳孩子的情绪，同时帮助孩子找到合宜的疏解管道。

> >> 6.《大卫，不可以》(作者：[美]大卫·香农；出版单位：河北教育出版社)

推荐理由：本书荣获 1998 年凯迪克银奖，入选 1999 年美国图书馆学会年度好书推荐，被评为 1998 年《纽约时报》年度最佳图画书，入选纽约公共图书馆"每个人都应该知道的一百种图画书"(修订)，荣获 2001 年第七届日本绘本奖读者奖。

每一个看过《大卫，不可以》的孩子都非常喜欢大卫，这个天真无邪、把家里搞得一团糟的小男孩，让他们觉得又开心又释怀，世界上哪一个孩子不渴望像大卫一样随心所欲地在墙壁上乱写乱画、把浴室变成一个沼泽地、头戴铁锅敲得叮当乱响……到了最后一页，大卫被妈妈紧紧地搂在怀里，幸福地闭上了眼睛，妈妈一句"大卫乖，我爱你"，顿时就化解了大卫所有的委屈。这一笔太温情了，整个故事跟着急转直下，一个童年恶作剧的故事就收场于这样一个爱的动作。

> >> 7.《和爸爸一起读书》(著者：[美]理查德·乔根森；绘者：[美]瓦伦·汉森；出版单位：广西师范大学出版社)

推荐理由：日本绘本之父松居直曾说过："真正让父母和孩子联系在一起的不是户口簿，而是温柔的人性化的语言。"一本爸爸不能错过的经典图画书，让爸爸无法自拔地爱上亲子共读。在保证足够陪伴时间的基础上，提高陪伴质量，才是我们能给孩子的最重要也最现实的爱。

评估改进

一、自我评估

亲爱的家长，您好！看了这么多的案例与分析，您自己平时在与孩子相处的过程中是如何做的呢？请试着回答下面的问题，看看有没有需要改进的地方。

1.带孩子去商场，来到玩具专柜，孩子看到怪兽玩具非要买，蹲在地上赖着不走。遇到这种情况，您会怎样处理？（　　　）

A.家里有多少玩具，还买？赶紧给我走。

B.宝贝不高兴啦，好啦好啦，咱这就买去。

C.哦，宝贝又发现了一件好玩的玩具，这件玩具真不错，这要是不给你买，你肯定会不高兴。你前几天已经买过一个奥特曼了，咱们可是有约定，一个月只买一件玩具，这可是一个很重要的约定，我们还贴在墙上了呢。咱们的其他约定你都遵守得特别好，你只要再坚持一下，所有的约定你就都能遵守。（给孩子思考的时间）咱们去吃点好吃的，还是去游乐场玩玩？

2.孩子玩游戏输不起，总想得第一，输了就哭，您是怎样面对这样的情况的？（　　　）

A.这么玩不起，算了，再也不跟你玩了。

B.让着孩子，故意输给孩子，永远让孩子得第一。

C.哭有什么用，游戏是讲规则的，我们必须完全遵照规则，公平竞争。

D.关注孩子游戏过程中的努力，遵守游戏规则，偶尔让一步，让孩子体验成功。

3.孩子没有时间观念，做事拖拖拉拉，尤其是早晨起床磨磨蹭蹭，

这可怎么办呢？（　　）

A."快点！听见没有！""快点！一天到晚就让你把人急死！""快点，快点！看来不揍你你是真不动。"

B.算啦，着急也没用，看来没什么方法能改变了。反正我也没什么着急的事，随便好啦。

C.观察孩子一天的活动，并详细记录每项活动所用的时间，进行结果分析比对，找出耗时最少和耗时最长的两个环节。坚持正面鼓励，肯定孩子某一方面速度快，用时少。准备一个沙漏，让孩子体会时间。付出耐心，不断鼓励，而且每天计时，让孩子看到进步，增添自信。

【评估参考】

1.选择A的家长规矩意识强，但缺乏对孩子的尊重，态度专制，言语粗暴。只提要求，不讲关心。孩子的情绪长期受压抑，就容易胆小懦弱、缺乏自信、很难自律，甚至可能是极端叛逆，和家长对着干。

选择B的家长有溺爱孩子的表现，一味满足孩子的所有要求，不帮助孩子疏导不良情绪，只要孩子高兴做什么都行。受到这样教育的孩子以自我为中心，自制力差，人际关系紧张，不会调节消极情绪。

选择C的家长接纳孩子的情绪，理解孩子的感受，用语言说出孩子当下的心情，同时又能坚持规则，提醒孩子公开的约定，鼓励孩子去遵守。通过孩子其他感兴趣的活动，缓解孩子的心情。

2.选择A的家长，这是在忽视、回避孩子。不跟孩子一般见识，不再跟孩子玩了，这么做的话，孩子的消极情绪不会自行消退，反而受到压抑，不能被妥善疏导，以致孩子迎接挑战的能力越发减弱。

选择B的家长，无视游戏规则，一味博得孩子高兴。试想，一旦孩子走出家庭，面对真实的社会环境，在真实的交往竞争中，孩子输得更惨，被打击得不知所措，就会更加无法接受现实。

选择C的家长，强调规则、公平竞争。不管你高兴不高兴，游戏就得这样进行，忽视孩子的情绪反应。如果没有考虑孩子的思维能力、认知水平、生活经验等因素，单纯讲公平，实际是对孩子不公平。

选择D的家长，不是只关注结果输赢，而是关注游戏过程，引导孩子认识自己过程中的努力。比如游戏时神情专注、积极思考、仔细观察等优秀的学习品质。当然，孩子还是看重游戏结果的，大人稍稍退让一些，给孩子成功的机会，让孩子体验成功。接纳孩子不开心的情绪，并不意味着赞成孩子的哭闹行为，这是两码事。接纳情绪是表示"我永远爱你"。不对孩子的行为做评判，而是帮助孩子认识自己的心情，并表示理解同情，进而找出游戏失利的原因。

3.选择 A 的家长，火冒三丈，甚至想动手打人。为了让事情变好，却总要先搞得很糟。一个很糟糕的做法怎么会得到一个很好的结果？

选择 B 的家长，建立良好的作息是保障孩子身体健康的基础，不是我们有没有时间的问题，而是关乎孩子健康和习惯的培养，因此听之任之的态度不可取。

选择 C 的家长，没有调查就没有发言权。再磨蹭的小孩也会有不磨蹭的时候吧。好，用心观察记录之后，我们就能对孩子一天的活动了如指掌。以强带弱，正面鼓励。通过直观形象的沙漏建立时间观念，细致入微、科学精准地发现孩子的点滴进步，这样一小步一小步地改善。

二、改进计划

通过对以上内容的了解，您是否已经计划好了下一步的行动？那么，先尝试召开一次家庭会议怎么样？请将您的家庭会议流程写下来。